平凡社新書
858

なぜ私たちは生きているのか

シュタイナー人智学とキリスト教神学の対話

佐藤優
SATŌ MASARU
高橋巖
TAKAHASHI IWAO

HEIBONSHA

なぜ私たちは生きているのか●目次

I　国家――一人ひとりの時間と空間の共同体……11

はじめに

われわれは危機の時代に生きている。これは抽象的問題ではない。真理は具体的なので、北朝鮮問題を取り上げてみよう。

2017年9月11日夕（現地時間、日本時間12日朝）、米国ニューヨークにある国連安全保障理事会は、〈北朝鮮の6回目の核実験を受け、石油輸出に上限を設けるなどした制裁決議を採択した〉（「朝日新聞デジタル」2017年9月12日）。しかし、今回導入される制裁は、米国が提出した当初案よりかなり緩和されていて、制裁が完全に実施されても北朝鮮の金正恩《キムジョンウン》政権に対して与える打撃は限定的だ。

〈決議は国連加盟国に対し、ガソリンや軽油などの石油精製品について年間200万バレルの対北朝鮮輸出の上限を設け、原油については過去1年分の輸出量までの輸出を認めた〉（前掲「朝日新聞デジタル」）。北朝鮮は軍事用、金正恩一族の生活用の石油については十分な備蓄を持っている。米国筋によると、北朝鮮は石油精製品を年間450万バレル、原油400万バレルを輸入しているとのことだが、石油精製品輸入が200万バレルに削減されても、北朝鮮はこの石油を軍事と金一族に優先的に配給するので、しわ寄せが一般市民に及ぶだけだ。

〈北朝鮮が核や弾道ミサイル開発にあてる外貨稼ぎの手段にしているとされる労働者派遣は、現行の契約期間終了後は更新できなくした。北朝鮮は推計9万3千人の労働者を派遣しており、契約がすべて終了すれば5億ドル（約550億円）の影響がある〉（前掲「朝日新聞デジタル」）ということだ。これも現行の派遣労働は認められるわけだから、北朝鮮経済に直ちに打撃を与えることにはならない。

私が最も驚いたのは、金正恩個人に対する制裁を断念したことだ。〈当初案では金正恩・朝鮮労働党委員長の在外資産凍結や渡航禁止を盛り込んだが、北朝鮮が態度を硬化させる可能性があることなどから取り止めた。全ての国連加盟国が制裁指定を受けた貨物船を公海上で臨検できるとした当初案は、船が所属する「旗国」の同意を得て臨検を行うと変更された〉（前掲「朝日新聞デジタル」）。これで金正恩がスイス、ロシア、中国などに隠していると言われる資金は安泰だ。さらに公海上の臨検についても「旗国」の同意がいるということは、北朝鮮船については、北朝鮮の同意がいるということだ。北朝鮮が臨検に同意する可能性はゼロだ。まったく無意味な制裁と言わざるを得ない。

今回の安保理制裁決議の成立過程を見れば、米国のトランプ政権は、最初から厳しい制裁を北朝鮮に課す意思はなく、中露と取り引き（ディール）して、とにかく格好をつける事だけ考えていたことが明白になる。

今後、日本では「非核三原則」の見直しや核武装の議論が出てくる。

元外務官僚で、現在も国際情勢分析を仕事に含んでいる私にとって、今述べたような思考自体を封印して、根源的に考えることを高橋巖先生との対談を通じて試みた。

本書の内容をここで要約することは、不可能だ。具体的文脈が重要となるので、高橋先生との対話を要約することは不可能なのである。人間が危機に直面したときは、水平面（内政や外交は水平面に属する）を見ていては、事柄の本質を見失うのである。水平線のさらに先にある、目には見えないが確実に存在する世界について考えなくてはならない。私はそのアプローチをプロテスタント神学を学ぶことを通じて体得した。高橋先生の場合は、シュタイナーの人智学を体得することで、外部と内部を相互往来することができるようになったのである。私は、この対談を始めるまで、人智学についてはまったく無知だった。人智学と神智学の区別もよくできていないような状態だった。現在も人智学については、入門段階である。それにもかかわらず、私は高橋先生と共通の言葉を見つけ出し、共通の認識に至ったと思っている。その理由については、比喩の形でしか述べることができない。私と高橋先生は、それぞれ自分の井戸を掘っていた。その井戸から潤沢に水が出るようになった。最初、私たちはその水がどこから来ているか気づかなかったのであるが、実は同じ地下水脈から水を汲み出していたのである。

今後、時代の危機はますます深まる。そこで重要なのは、われわれが地下水脈から汲み出した、地上の男性原理とは、本質的に異なる思考と行動をしなくてはならないということだ。

2017年9月25日、曙橋（東京都新宿区）にて

佐藤優

Ⅰ　国家——一人ひとりの時間と空間の共同体

道半ばを歩く者として

高橋　私と佐藤優さんというと、妙な組み合わせと思われる人もいるかもしれませんが、いま、私が最も影響を受けている現役の思想家は、佐藤さんです。ご著書を全部読んでから対談しようと思っていたのですが、膨大な数になるので、たぶん5分の1程度をやっと読めたぐらいではないでしょうか。読むエネルギーのほうが書くエネルギーより少なくて済むはずなのに、とても追いつかなくて、はるか後ろからあとを追って走っている感じです。

佐藤　私は、自分のことをサザエさん型の作品をつくる物書きだと思っています。各々の著作に目的があり完成がありますが、物語全体は終わることなく続いていくというタイプで、書きたいことがどんどん出てきてしまうのです。私の理解では、高橋さんが書いておられる一連の著作もサザエさん型です。一冊ごとに、ある目的に到達されていますが、またその先に進んでいく。『精神現象学』を書いたときのヘーゲルのように、終わりなき弁証法のような形で書いていらっしゃるのではないかという印象を受けています。

高橋　そうかもしれません。

いまのご指摘を受けて思ったのですが、私も佐藤さんも、道半ばを歩いている者なのではないでしょうか。人智学というのもひとつの道で、一人ひとりが自分の人智学を求めており、それに終わりがないものですから、「人智学者」というように個人の肩書きにするようなものではありません。私の人智学は、他の人の人智学とは違う。シュタイナー[*1]が講演のなかで何度も「どうぞ私の言っていることを信じないでください」と言っているのも、シュタイナー自身が道半ばを歩いている者だからであって、絶対視しないようにということを言っているのだと思います。ですから私も、過去にどういう出来事があったのかという履歴は言えますが、現在の肩書きになると、道半ばを歩いている者としか言えません。

佐藤さんご自身も、以前は外務省に勤めておられて、それ以前は大学で神学の研究をされて、いまは作家という道を歩んでいらっしゃっていますが、どういう肩書きですかと聞かれても、お困りになるのではないでしょうか。

佐藤　そういえば、名刺には何も肩書きを刷り込んでいません。

高橋　いま道を歩いているから、毎回佐藤さんの本が出ると、今度はどういう観点から書いておられるんだろう、と楽しみになります。もともとどんな人の個性も測りがたく奥が深いものですが、ぎりぎりの状況になると、その奥からいつ何が現れてくるか、予測のつかないところがあります。だから10年前の佐藤さんの本といまの佐藤さんの本を比較して優劣を論じてもしょうがない。むしろ読書を通して、一緒に同じ時代を歩いている同行《どうぎょう》の仲間とでも言うのでしょうか、そういう読者のひとりになりたいと思います。佐藤さんは同じところに留まっていらっしゃらないので、たとえば、今年と去年で考え方が違っていたとしても、その違いを自分の問題として受け取れるように、同じ時代を、同じ日本で生きていることをありがたく思って、これからも勉強していきたいと思っています。

見えるものと見えないもの

高橋　佐藤さんとの対談でどのようなことを話し合いたいのか、まず問題提起をさせていただきます。

ひとつ目は、「なぜ私たちは生きているのか」ということについて。これは、佐藤さんが訳していらっしゃるチェコの神学者フロマートカ[*2]の自伝のタイトル（『なぜ私は生きているか――J・L・フロマートカ自伝』新教出版社）に由来していますが、なぜ私たちは生きているのか、いまこの21世紀の日本において、私であり、佐藤さんとしてあることの意味を問い直してみたい。

ふたつ目は、キリスト教と人智学について。佐藤さんはキリスト教神学、私はシュタイナー、職業や知識とは別の、目に見えないところで自分の生き方を支えてくれているものについてです。神学も人智学も、多くの人にはあまりなじみのない学問だと思いますので、対話のなかでその本質に触れていければと思っています。

三つ目は、いま挙げたふたつにも関係しますが、見えるものと見えないものをどうとらえるかについてです。というのも、私たちの世界は、政治や外交、経済という目に見える問題と、宗教や思想という目に見えない問題で成り立っていて、みんなそのなかで生きているからです。佐藤さんは見える問題を、見えない問題と結びつけて語ることができる稀有な方ですので、国家や経済といった具体的な問題に、見えない世界からの光を当てていただきたいと思っています。

このような問題意識をもって、大切な話題をあれこれ語り合っていければと思っております。

佐藤 私のほうからも、少し付け加えさせていただきます。

まずひとつ目について。フロマートカに、「フィールドはこの世界だ」という言葉があります。神学は教会や大学の神学部といった場所だけで営まれるものではなくて、この世界の現実のなかでも営まれるものだという意味ですが、この言葉は「なぜ私たちは生きているのか」という問いと対になるものだと思います。

ふたつ目は、高橋さんがやっていらっしゃるのは人智学であって、神智学ではないということ。私は同志社大学神学部にいるときに、神智学について少し勉強したのですが、インド思想とキリスト教のシンクレティズム（異なる文化の相互接触により、多様な要素が混在・融合した現象）という理解だったので、それ以上の関心を持てませんでした。日本では教育や環境の分野でシュタイナーの知名度が高いですが、それも、シンクレティズムの一部を援用しているのだと思っていたため、思想的な興味を持っていませんでした。しかし、高橋さんの著作を読ませていただいて、神智学と人智学はまったく別のものであり、人智学は、アウグスティヌス[*3]によって枠を狭められたキリスト教神学が、その枠を抜け出していく入り口になるものではないかと考えるようになりました。高橋さんの自己理解とは違うかもしれないのですが、人間学であって、フォイエルバッハ[*4]の思想を深く掘り下げていったら、高橋さんのやっておられる人智学になったのではないでしょうか。その観点から、キリスト教と人智学について迫ってみたいと思っています。

ちなみに高橋さんの本をまだ読んでいない読者にまず一冊だけ薦めるとすれば、『シュタイナー哲学入門』（岩波現代文庫）を挙げます。理性によって定義していく西洋哲学史の主流とは別の視点から近代思想史の読み解きを試みた、すばらしい本です。19世紀のドイツ観念論哲学の、違う側面をみることができます。こういったことをできるのは、高橋さんが慶應義塾大学出身の哲学者であるからではないかと睨んでいます。高橋さんや、同じく慶應義塾大学の出身である井筒俊彦[*5]さんは、日本の哲学の主流である東大系、京大系が触れることができない、ヨーロッパの思想の根幹にある、目に見えないものに触れるのが非常にうまい。目に見えないものにどのように触れるのか、それを私も高橋さんから学ばせていただきたいと思っています。

キリスト教はオカルト？

佐藤　まず、私はこの対談で、時間と空間を溶かすことをやってみたい。その具体的なイメージを思い浮かべることができるおもしろいニュースが、少し前にありました。ローマ教皇が、マザー・テレサを聖人だと承認したというニュースです。

朝日新聞の該当記事を読み上げます。

インドのコルカタ（カルカッタ）で貧しい人たちを救済する活動に尽くした故マザー・テレサが、ローマ・カトリック教会で最高位の崇敬の対象である「聖人」に認定される見通しとなった。フランシスコ法王が17日、承認した。

１９７９年にノーベル平和賞を受賞したマザー・テレサは、97年に87歳で亡くなった。その後、バチカン（ローマ法王庁）による審査で、マザー・テレサへ祈ったインド人女性の腹部の腫瘍が消えたことが奇跡と認められ、２００３年に「聖人」の前段階である「福者」に列せられた。

殉教者でない人が「聖人」に認定されるには、死後に2度の「奇跡」を起こしたことが認定される必要がある。ＡＮＳＡ通信によると、08年に脳腫瘍で危篤状態にあったブラジル人男性のために妻がマザー・テレサに祈った結果、回復したことが今回、2度目の奇跡と認められた。列聖式は、マザー・テレサの命日に合わせて来年9月に行われるとの観測がある。

（「朝日新聞デジタル」２０１５年12月19日）

朝日新聞では「ローマ法王」となっていますが、カトリック中央協議会のホームページでは、「教皇」となっています。法は「ダルマ＝仏法」のことなので、それを司《つかさど》る「法王」

という訳では、仏教のトップになってしまう。実は、ヨハネ・パウロ2世が来日したときに名称を変更してほしいという依頼が外務省にあったのですが、外務省は一回登録したものは変更できないと回答しました。でも、「グルジア」は革命が起きて国名が変わったわけでもないのに、「ジョージア」に変更された。呼び名を「教皇」に変えれば、日本はバチカンという外交カードを手に入れられると思うのですが。

それはともかく、マザー・テレサの名前によって治してほしいと神様にお願いしたら、それを聞き入れていただけた。これが奇跡と認定されたということなのですが、ここには明らかにオカルトの思想があります。

高橋　そうですね。いまはカルト（異端的なセクト集団）の同義語のように受け止められてしまっていますが、オカルトは、本来は「隠されたもの」という意味で、目に見えない世界があることを指し示す語です。オカルトという言葉を聞いて想像するスプーン曲げや、触らずにコップを動かすといったようなことは、目に見える物的証拠を問題にしているのですから、オカルトではなく、唯物論と同じことになります。目に見えるものしか信じていないのですから。私はオカルトを神秘、オカルティズムを神秘主義、もしくは神秘学と訳しています。

佐藤　この奇跡認定の話からもわかるように、キリスト教の考えには、オカルト的なものがあります。キリスト教は、まことの神であり、まことの人間であるイエス・キリストが救い主であるということを信じる宗教です。人間理性を超えた存在である神から開示された出来事である啓示にもとづく宗教なのですが、啓示を意味するギリシア語のアポカリュプシス（apoklypsis）には、隠されているものの覆いが取り除かれるといった意味があります。啓示には人間の目には隠されている神秘が覆いを取り去られて示されるという意味があるので、逆を言えば、隠されたものがなければ啓示するものもありません。ですから、目に見えないものを信じるということが、キリスト教の根底にあるのです。

この問題を考えるのにいいテキストが、元ノートルダム清心学園理事長であった渡辺和子さんの『置かれた場所で咲きなさい』（幻冬舎）です。渡辺さんのお父さんは2・26事件で殺された渡辺錠太郎《じょうたろう》陸軍教育総監で、本のなかで、事件のことについて触れています。渡辺さんは、自宅に押し入ってきた青年将校と父親が撃ち合いになり死ぬところを、座卓の陰に隠れてじっと見守っていた。渡辺さんは、父親が50歳を過ぎてからの子どもだったそうで、「力尽きた父が、ただ一人で死んでゆかないために、私は生んでもらったのかもしれない」と書いています。これは、神が十字架にかかったイエスをひたすら最後まで見ていたことと、アナロジカルな構成にあります。渡辺さんの原体験だったのではないかと思うのですが、大変な状況に対しても、置かせられたその場所において、ずっと目を閉ざさずに「見る」力が救済につながることを、『置かれた場所で咲きなさい』というタイトルで伝えているように思います。この本が200万部を超えるベストセラーになった理由には、キリスト教のなかにありながらも、神学的な構成からは落ちてしまったもの、隠れているオカルト的なものを引き出すことに成功したからではないでしょうか。キリスト教は「絶対他力」の宗教ですから、人間の力が救済につながるなんていうことは、正式な神学では絶対に言いません。しかしクリスチャンである渡辺さんのテキストにも、キリスト教の論理にも、そういうことが隠れている。表現の仕方こそ違いますが、高橋さんがおっしゃっていること、あるいはシュタイナーが言っていることと、通底するものがあるのではないでしょうか。

ぎりぎりのところで神と出会う

高橋　非常に大切な、本質的な問題を提起していただきました。渡辺さんの本は本当に力になってくれますが、私は特に、「どうしても咲けない時もあります。雨風が強い時、日照り続きで咲けない日、そんな時には無理に咲かなくてもいい。その代わりに、根を下へ下へと降ろして、根を張るのです」という箇所が、人間のなかの聖なる本性を語っているのではないかと思いました。いちばん下の目に見えないところでひとつに結びつく聖なる力が、人間にはあると思っています。

井筒俊彦先生にはじめてお目にかかったとき、先生にいきなり「リルケとカロッサ、どっちが好きなの？」と訊かれ、どぎまぎしながら「リルケ」と答えたら「じゃあ、友だちになれるね」と言われて、余計にどぎまぎしたことがありました。フロマートカの言う「深淵」にかかわる質問だったと、フロマートカの自伝『なぜ私は生きているか』を読んで気が付きました。そこで、オカルトについても、『なぜ私は生きているか』に何度も出てくる「深淵」という言葉をもとに考えたいと思います。

*6 *7

「深淵」とは、「奈落の底」のような意味ですが、フロマートカ、またリルケは、人間の底辺のまた底辺のところに神が降りてくるという意味で使っています。信仰を持つことで神とつながるというのは、よく聞くことですけれども、そうではなく、悲惨な、どうしようもない理不尽な最低なところに神が降りてくるという考え方です。シュタイナーは、この神の降下を「キリスト衝動」と呼び、人智学の中心に位置付けています。この点でシュタイナーはフロマートカと、無縁ではありません。
フロマートカの自伝から引用させていただきます。

問題の本質は、人間の墜落と混乱の最も深い深淵に、すなわちナザレのイエスが十字架につけられた地点に下降することが、人間の救済と自由のためのキリストの闘争の出発点であるということにある。

現代の神学諸学派においては、キリスト論の最も深い深淵が忘れ去られてしまっているか、もしくは少なくとも脇に追いやられているように思われてならない。

シュタイナーは、フロマートカのいうこの「キリスト論の最も深い深淵」への降下を「キリスト衝動」と呼んでいます。
シュタイナーは非日常と日常の関係を、「根源形式」と「映像形式」という言葉でも説明しています。私たちがふだん考えたり感じたりすることは、映像形式だというのです。
映画や本を読んで感情移入したり、他の人の立場になって考えたりすることができるのは、映像形式だからです。それに対して根源形式は、このままいけば破滅するしかないというような、ぎりぎりの状況になって現れてきます。普段の生活では人間の自我が根源形式から守ってくれているので、映像形式で思考したり判断したりしています。目に見える社会に適応している限りは、映像形式で間に合います。先ほどの物質界での奇蹟も、映像形式で考えている限りは、神とは無縁なのですが、追い詰められてどうしようもなくなり、死にものぐるいになったときに初めて、聖なる根源形式のなかで心が深淵に向かって開かれ、神と出会う条件が生まれるというのです。

フロマートカは、人間の存在のどん底、深淵にいかないと神が現れないとはっきり書いてくれていますが、同時に社会感覚、時代感覚の必要性についても佐藤さんは解説で強調されていましたね。

佐藤　ええ。『なぜ私が生きているか』は、私が職業作家になるはるか前に翻訳して出したものです。出そうと思った背景には、いま自分が生きている時代、社会とのつながりがないところに神学は成り立たないと感じた出来事があったからなのです。

それは1993年の10月に起きた旧議会勢力を中心としたクーデタ未遂事件（モスクワ騒擾《そうじょう》事件）でした。『自壊する帝国』（新潮文庫）に詳しく書きましたが、ソ連の共産主義全体体制を命がけで倒そうとしたエリツィン、副大統領ルツコイ、最高会議議長ハズブラートフは盟友であったにもかかわらず、ちょっとした諍《いさか》いから対立し、それが内乱になってしまいました。結局はエリツィンがルツコイ・ハズブラートフ派の立て籠もっている最高会議の建物に大砲を撃ち込んでなんとか鎮圧しましたが、ロシア全土が騒乱になる可能性がありました。私は舞台裏を知っている数少ないひとりですが、あのときの経験が私の人生のなかで最も大きいのです。

エリツィンは茫然自失となってしまい、鎮圧の実質的な指揮をとったのは、ソ連崩壊のシナリオを書いた政治家ゲンナジー・ブルブリス（元ロシア連邦国務長官）でした。ブルブリスは抜群に頭の切れる人で、北方領土を日本に返還する必要があるとはじめて公言した人でもありました。彼は、ロシアが国際社会から尊敬される国になるためにはスターリン主義と決別をしなければならない、それにはスターリン主義の負の遺産である北方四島を日本に返還することによってなしえなければならず、返還はロシアの国益に貢献するんだというような組み立てをしたのです。私は彼に非常にかわいがられていて、モスクワ騒擾事件の間もずっと連絡を取っていたのですが、鎮圧後にブルブリスから電話がかかってきて、こう言われました。

「お前はキリスト教徒だったよな。これほどの血が流れてしまったが、果たして神の前で許されることなのだろうか？　この血に対する責任は、エリツィンだけでなくて、俺たちにもあるんだ」

騒乱が終息したその日に、エリツィンはテレビ演説をしましたが、勝利演説ではありませんでした。若いときに同じ理想を持っていた仲間同士が、なぜこういうことになってしまったのか、すまないと言って泣いたのです。この演説の原稿を書いたのは、ブルブリスでした。

このように説明できない、目には見えない深淵が人間の世界にはあって、それを解く鍵が、フロマートカの自伝のなかにあると思ったのです。フロマートカはナチズムと「プラハの春」を経験していますから。もちろん最初に読んだのは神学部の学生時代でしたが、誰かに伝えたいという気持ちが強くなったのは、モスクワ騒擾事件があったからです。

高橋　フロマートカについては、『同志社大学神学部』（光文社新書）で京都の飲み屋でお酒を飲みながら大学の友人たちと議論しているなかでも詳しく出てきますし、『私のマルクス』（文春文庫）でも書いていらっしゃる。それで私も『なぜ私は生きているか』を読んでみたのですが、読んでいるうちに、私にとってはカトリックとかプロテスタント、また人智学とかは、映像形式である限りは、どうでもよくなってしまいました。本当にぎりぎりのところで神と出会うということがキリスト教の本質なのだということを気づかせてくれた本です。

佐藤　フロマートカがぎりぎりのところで神と出会うことを強調したのは、彼の出自がルター派[*8]であることに関係しています。

チェコのプロテスタントは、1414年から18年にかけて行われたコンスタンツ公会議において異端認定されたフス派[*9]の宗教改革の流れにあります。徹底的に弾圧されたため、ほとんどが追いやられて山岳地帯に住んでおり、底辺の農民たちに支持されていました。寛容令が出てから、ルター派と、カルヴァン、[*10]ツヴィングリ[*11]の流れを汲む改革派[*12]に分かれましたが、根っこはフス派で、ここからヘルンフート派[*13]、モラヴィア兄弟団[*14]にもつながっていきます。

高橋　ヘルンフート派は、ノヴァーリス[*15]をはじめとするドイツ・ロマン主義[*16]に大きな影響を与えましたね。

佐藤　はい。ドイツの敬虔主義[*17]の根底には、ヘルンフート派の影響があります。

ルター派は、神が底の方に降りてきてそこから救い出してくれるというモチーフを重視します。神学用語では、キリストが人になり十字架上で死んだことを下降《かこう》、そこから天に挙げられたことを高挙《こうきょ》といいますが、このレトリックを１９２０～30年代に使ったのがヒトラーでした。ドイツ民族は第一次世界大戦の敗戦で辛酸をなめ悲惨な状況にいる、だからこそドイツ人は神に選ばれた民族で世界を指導する力がある、という組み立てをしたのです。ルター派教会からはドイツ・キリスト者運動[*18]が生まれ、ユダヤ教の聖典である旧約聖書を排除するなど、ヒトラーの主張を神学的に理論化することに協力しました。

高橋　私は１９５０年代後半に初めて西ドイツに留学したのですが、近所の住人たちのなかに「ナチスの時代はよかった」と語る人たちがいました。そういう人は、心の温かい人たちでしたが、戦後失われてしまったナチス時代のヘルンフート派的なキリスト教的民族共同体の熱い意識が懐かしかったのかもしれません。こういう発言は、戦後まもなくの一時期だけのことでしたし、いまナチズムを肯定的に評価することなどありえませんが、たぶん優秀な政治家や思想家でヒトラーに同調した人たちが出たのは、最悪な状態を経験してこそ人も民族も神に救われる、なぜならドイツ民族は神に選ばれているからだという考え方に惑わされたのかもしれません。

佐藤　ドイツ民族やチェコ民族、あるいは日本民族といったように、個人ではなく、ある民族の深淵に救済が来るという形で組み立てると、ナチズムや選民思想のようなものが出てきてしまいます。

フロマートカはルター派ですが、イエス・キリストが生まれた当時のユダヤ人を原点とし、そこから民衆とともに歩いて行くという神学です。最も悲惨な深淵は1世紀のユダヤ人でありパレスチナであって、それだからそこにイエスが降りてきた。いわば救済が過去に先取りされているので、いま悲惨な目に遭っているとしても、われわれが救われるのは当たり前だという、ある意味では楽観主義的な構成になっています。だから極端なことを言うと、広島や長崎、アウシュヴィッツよりも、原点の1世紀のパレスチナのほうが悲惨だったということになります。ユダヤ人からすれば、今後もっとひどいことだって起きうるだろうから希望なんて持てない、救済はいつか来るかもしれないけれど保証はなく、ただ待望することしかできない。これは、ユダヤ教とキリスト教の対話のなかで大きな論点になってきたことでもあって、この問題はいまでも解決していません。

普遍主義では世界宗教になりえない

高橋　フロマートカはナチスの弾圧を経験し、その後、「プラハの春」も経験していますから、チェコ民族の苦悩の上に神学を組み立ててもよさそうなのに、そうならなかったのはなぜだったのでしょう？

佐藤　フロマートカはチェコ生まれですが、モラヴィアの北部出身で、子どものころは複合アイデンティティを持っていました。この地方の人たちはポーランド訛《なま》りのチェコ語を話し、19世紀半ばごろまで、自分がポーランド、チェコ、スロバキア、スラヴのどこに帰属しているのかという民族意識があいまいでした。かつ、スラヴ人の宗教の主流は正教やカトリックなのですが、フロマートカはプロテスタントを選択します。そのようなバックグラウンドの人物なので、ストレートに自分の民族と救済を結びつけることはできなかったのでしょう。

チェコ人であってプロテスタント教徒であるとはどういうことか——フロマートカが持っていたのと同じような問題意識を、日本のキリスト教徒も持っているのではないかと思います。ミッション・スクールを舞台にした小説『若い人』（石坂洋二郎）に、女生徒から「神（ゴット）と天皇（エムペラー）のどちらが御偉い方なのですか」という投書があり先生たちを困らせるシーンがあります。実際に、著者の石坂はこの作品を書いたことで不敬罪で告訴されてしまうのですが、戦前の国体観のなかでは、日本人であってキリスト教徒であるということは緊張感を持つものであったことがわかります。いまの日本は、信教の自由はありますが、キリスト教の信者は総人口の1パーセント以下という状況です。そのなかでキリスト教を選択し、この日本でキリスト教徒として生きていくとはどういうことなのか。私にとって、大きなテーマです。

高橋　佐藤さんはよくご本に、キリスト教徒の生き方は「信仰即行為」「行為即信仰」であると書かれていますが、この日本社会において生きていく行為と、キリスト教徒としての信仰との関係も、切っても切り離せないものなのでしょうか。

佐藤　おっしゃるとおりです。だけれども、私の信仰が絶対的なものであるということではありません。説明が難しいのですが、キリスト教は普遍主義的ではなく、類型としてしか理解できないものだと思うのです。もしかしたら、ローマ教皇をトップにするカトリックは普遍主義なのかもしれませんが、プロテスタントはそれぞれの文化や歴史に土着《どちゃく》していくので、キリスト教が複数あらわれる形になります。

高橋　普遍主義だと、どこにでも通用する絶対的な立場を前提とした、上から目線になってしまいます。ある普遍的なものがあって、自分はそのことをよく知っている立場にあり、その立場からこうしなければいけない、という指令をしていくことになりかねません。牧師さんがおっしゃったことに従うとか、組合の上からの指令だから従わなければならないとか、上下の関係性が前提とされてしまいます。戦前の「アナ・ボル論争」[*19]でも中心問題になっていましたが、そういう形では、一人ひとりの絶対的な存在理由がなくなってしまいます。シュタイナーのような偉大な思想家の場合でも、人智学は普遍的であり、シュタイナーを日本で学んでもドイツで学んでも内容に変わりはない、偉大な思想は時代も民族文化も個人の個性も超えていると考えてしまうと、思想の根源形式が、つまり存在の深淵が見えなくなってしまいます。宗教にとって大切なのは、どこまでも民族であれ、個人であれ、個に徹することではないでしょうか。

佐藤さんの考えていらっしゃる、個別的な複数のキリスト教、そして日本でのキリスト教徒としての生き方の問題は、シュタイナーを学んでいる私にとっても大切な問題です。

佐藤　キリスト教にしても仏教にしてもイスラームにしても、世界宗教になるには、普遍主義的な原理は取りえないと思います。世界が本質において複数性を内包しているからです。上下関係の構成では、世界宗教にはなりえませんから。その土地ごとの文化、思考の鋳型《いがた》、言語といったものと必ず触発しあってひとつの有機体になっていくのです。「イスラム国」は、普遍主義が悪い形で出てきてしまった現象です。力によって、イスラームという普遍的な価値観を押し付けるという動きですから。キリスト教にも、危険な普遍主義があります。それはミッション・スクールです。ミッションは宣教団、ミッション・スクールは宣教団によって運営される学校という意味ですが、宣教団の目的はキリスト教を通して植民地化することにあるので、ミッション・スクールも日本を植民地にするための学校ということです。キリスト教系の学校はすべてミッション・スクールと一括りにされがちですが、キリスト教の考え方に基づいて運営される学校は、「キリスト教主義の学校」と言うべきです。そこをきちんと分けていたのは、同志社だけです。

高橋　あらためて同志社大学のことを知りたくなりました。きっと、深淵に向き合うかぎり、どんな宗教も、そして世界観も、普遍主義ではなく個別主義でいくべきなのですね。

佐藤　私はそう考えています。ただ、いまでは普遍主義という言葉は、先ほど高橋さんがおっしゃった上下関係だとかの意味が抜けて、よい意味に受け止められているのではないかと懸念しています。言葉の意味を整理しておく必要があります。

法哲学者の恒藤《つねとう》恭《きょう》や『哲学ノート』『人生論ノート』の著作で知られる三木《みき》清《きよし》が戦前に編纂した『廿《にじっ》世紀思想』というシリーズがあります。そのなかに『全体主義』という巻があり、戦後『現代のヒューマニズム』を出した哲学者務《む》台《たい》理《り》作《さく》が、普遍主義と対立する概念として全体主義を説明しています。つまり、全体主義とは、複数の全体があるという意味で、それぞれの全体は独立しているのです。いま高橋さんがおっしゃった個別主義は、務台が言うところの全体主義と同じ意味です。戦後、「全体主義の恐怖」というふうに全体主義という言葉を使うようになりましたが、むしろ「普遍主義の恐怖」が本来の意味に合っています。

高橋　なるほど、個別主義は全体主義に通じるのですね。

務台理作先生のお名前を久しぶりに聞きました。務台先生は、慶應時代の私の大切な先生のひとりだったので、よく大学そばの喫茶店で一緒にお茶を飲んだのですが、その本は読んだことがありませんでした。務台先生とは雑談ばかりしていたので（笑）、もっといろいろと聞いておけばよかったです。

ドイツのキリスト教とナチス

高橋　少し話を戻します。先ほどの土着化のことですが、ドイツにおけるルターからナチスの流れまでを、キリスト教の土着化ととらえることはできるのでしょうか。

佐藤　いまのドイツ人からは絶対に認められないところでしょうが、ルターの宗教改革をドイツ化としてとらえることから、ナチス時代のドイツ・キリスト者運動が出てきたことは、否定できないと思います。

先ほど、戦後すぐの西ドイツでナチス時代を懐かしがっている人がいたとおっしゃいましたが、私はルターの主観主義の病理が特に東ドイツに影響を与えたのではないかと思っています。千葉大学などでドイツ語講師をされているフランク・リースナー氏が書いた『私は東ドイツに生まれた――壁の向こうの日常生活』（東洋書店）という本を読むと、東ドイツはナチス・ドイツとの決別が不十分だったことがよくわかります。戦後の東ドイツの人口は約1400万で、ナチス党を母体にした国民民主党という政党があり、800万人もの党員がいました。指導政党であるドイツ社会主義統一党よりも規模が大きかったのです。ただ、ドイツ社会主義統一党が常に3分の2を取るように議席が割り振られているので、国民民主党が政権をとることはないという保証はついていますが。国民民主党の存在は、いまネオナチが旧東ドイツ地域で多く出てくるのと関係しているように思います。

高橋　「熱い右翼と冷たい左翼」、そんな言葉が浮かびました。ドイツ人は民族文化にプライドを持っていると、滞在中によく感じました。当時のドイツの国家観や国民感情は、戦後最初のベルリン自由大学総長になった歴史学者フリードリヒ・マイネッケの本を読むとよくわかると思います。戦時中に日本語訳されていて、『世界市民主義と国民国家』『近世史における国家理性の理念』『歴史主義の成立』（上下2巻）が出ています。残念ながらこのところほとんど読まれていないようですが。

佐藤　高橋さんは、ドイツには何年から何年までいらしたんですか？

高橋　1950年代の終わりから60年代初頭にかけてと、60年代半ばにいました。どちらも2年から2年半ぐらいです。

佐藤　50年代、60年代は、外貨持ち出しも非常に厳しかった。私が1975年に東欧・ソ連に行ったときは、観光旅行は自由にできるようになっていましたが、1500ドルという外貨持ち出し制限がありました。

高橋　私が留学した当時は国費による留学生制度に頼るしか留学できる可能性がありませんでした。ドイツへ行く場合は日独交換留学生試験とフンボルト財団の留学生試験があり、幸い両方に受かったので、旅費と向こうでの滞在費は自費を使わずにすみました。いまと違い、奨学金を返済するなんて、誰も考えずに留学できました。そのころの私は、一度ドイツへ行って、ゲーテやノヴァーリスの後裔に会わなければ生きている意味がないというくらいに思いつめていましたから、助かりました。

佐藤　西ドイツではどこの大学に留学されたのでしょう？

高橋　前半はミュンヘン大学です。美術史のハンス・ゼーデルマイヤ教授の下でバロック美術とノヴァーリスをはじめとするドイツ・ロマン派の美学と美術史を勉強していたのですが、そのころにシュタイナーと出会って、私の一生に大きな変化が生じました。

佐藤さんは、『わたしのマルクス』で、当時、チェコへの留学手段がなくて、外務省の試験を受ければチェコに行けるかもということで公務員試験を受けたと書かれていました。そこまでチェコにこだわったのは、やはりフロマートカの存在が大きかったのでしょうか？

佐藤　そうです、やはりフロマートカですね。1968年の「プラハの春」までは、西側諸国にも、チェコで刊行されたフロマートカに関する文献が出回っていて容易にアクセスができたのに、「プラハの春」以後はまったく目にしなくなってしまいました。フロマートカは翌年の69年に亡くなります。「プラハの春」という大変な出来事があったのに、最晩年に彼が何を思索していたのかもわからず、あたかも存在していない人のようになってしまったのです。それだから現地に行かないとフロマートカの最晩年の思想がわからないというのもあったのですが、キリスト教徒であるということが何の得にもならない、むしろマイナスにしかならないような共産主義社会で、キリスト教徒として生き神学を営むとはどういうことかを、皮膚感覚で知りたいと思いました。

高橋　いまの私たちの場合、日本人であってキリスト教徒であることに、外からの妨害はありませんが、そのぶん逆に民族の目に見えない部分に対して意識的にならなければいけないと思います。民族共同体と信仰の関係に、外から権力が強制的に働きかけてくると、ナチズムや「イスラム国」のようにますます信仰が普遍主義的になってしまいます。民族や国家が宗教と結びつくと、民族の成員一人ひとりのなかに、状況次第で命を犠牲にしても構わないという強い思いが出てきます。本来は個人がキリスト教やイスラームと深淵のなかで結びつくものであったはずなのに、普遍主義や民族主義の要素が加わると、ナチズムや「イスラム国」のテロリズムの熱い思いに変わるのですね。

見えない世界を言語化する

佐藤　時間と空間の話に戻りましょう。

カトリックには「古カトリック」という運動があります。カトリックにおいて信じられている、ローマ教皇が教義と倫理に関して絶対に間違えないという「教皇無謬《むびゅう》説」とマリアには原罪がなかったという「マリアの無原罪の昇天」を認めないという、カトリック周辺での運動です。高橋さんの本を読んで、「古カトリック」はシュタイナーの考え方と親和的だと知りました。マザー・テレサのように死後6年で福者、18年で聖者にするというのは最初から結論ありきだったのではないかと思います。こういうオカルト的な構成を、カトリックは露骨にとっているわけです。

高橋　「古カトリック」のことは全然知らなかったので、これから勉強しようと思います。最初から結論ありきだと、オカルトというよりカルトになってしまいます。

佐藤　でも、「祈ったから重病が治ったと、どうやって実証できるんだ！　こんなカルト教団は規制しろ！」とは誰も言いません（笑）。高橋さんがおっしゃるとおり、カトリックのこういう話は時空を溶かすように偽装しているけれど、このやり方では溶けないと思います。

時空の溶け方には、好きな人といると時間を短く感じたり、昔訪れたソ連のレストランが頭のなかに浮かんできたりというものもあります。夢のなかでも、LSDを打っても、自己啓発セミナーみたいなものに行っても、時空は溶けるでしょう。ただし、こういった溶かし方は、われわれが心のなかで感じている時間や空間と、物理的に想定している時間と空間が違うことから起きています。こういうふうに時間や空間の定義を詰めていくと、自分が心のなかで感じている時間のことを何と言えばよいのか。主観的な時間と定義することは独断論になってしまうし、それなら対になる客観的な時間というものがあるのかという問題が出てきてしまいます。客観的な時間は、カントが言うところの先験的なものと想定されているので、われわれの手の及ばない超越的なもの、神様と同じ扱いになってしまう。現代のわれわれには、近代的な学知である言葉であらゆるものを定義していくというやり方に馴染みがありますが、そのやり方では定義されない部分、人間の悟性《ごせい》ではつかみきれない部分が漏れ落ちてしまいます。

高橋　おっしゃるとおりです。定義をしていくというやり方では、時間と空間という先験的な直観形式は溶けません。

佐藤　それでも、他者にわかってもらうためには、定義というか、言葉による説明を試みなければいけませんし、それが知識人の義務だとも思っています。

私は、時間と空間が溶けるということは、個別具体的な問題であると思います。いまこの瞬間において、私がどういう問題を抱えて、どう解決するのかというところにおいてのみ、時空を溶かさざるをえない局面が出てくるのではないでしょうか。

高橋　おっしゃるとおり、個人が存在を賭けて向き合う問題ですよね。いま、この私が抱えている一瞬一瞬がどのくらい大切な瞬間かという問題をふまえていると思います。その一瞬一瞬は、他の誰かの時間体験とも違うし、過去の私の体験とも違います。従来の思考方法では解決できない問題にぶつかり、「私」自身が自分で時間と空間とを組み立て直さなければならなくなったとき、いわば時間と空間が溶け合うときに、シュタイナーの言う根源形式があらわれて、新しい境地が開かれるのではないでしょうか。

ニーチェの『ツァラトゥストラ』の「幻影と謎」の章に、永劫回帰を説明している箇所があります。永遠の過去から現在までひとつの道が通じ、永遠の未来からも現在まで道が通じ、過去からの尻尾を引きずっている蛇の頭と、未来からの尻尾を引きずっている蛇の頭が、空間上でいま顔を突きあわせているのですが、その場所を門と呼び、さらにその門を瞬間と名付けています。過去の流れと未来の流れがぶつかり合っている門、その瞬間の門がツァラトゥストラ＝ニーチェにとって永遠であり、時間と空間が溶けて融合するチャンスだというのです。ニーチェの言うように、永遠が見えてくるのは瞬間であり、瞬間のなかで時間と空間が溶け合わないと、日常の目に見える世界しか見ることはできないし、永遠は体験外のことになってしまう。シュタイナーも晩年、オカルティズムの究極は対立するものの融合であり、いまこの瞬間のなかには、永遠の昔からいままでのすべての過去の空間体験が流れ込んでいる、そしてそれを意識化する力は論理ではなく、帰依《きえ》と愛以外にはないと強調しています。

佐藤　一般相対性理論で時空が融合して弾性体のようになることに似ていますね。

時間と空間は溶けるのか

高橋　時空が溶けることとの第一歩はドラマや小説のような芸術のなかで体験できます。この芸術体験をシュタイナーは「霊的体験」という言葉でも表しています。感覚と知性で体験する物質的な時空間を超えるという意味では、鈴木大拙の言う「霊性」体験に通じます。

佐藤　霊的体験とは、いい表現ですね。

ロシア語では「霊」を「ドゥーフ（ДУХ）」といいます。ロシア正教会の『我主イイスス ハリストスの新約』という聖書にある「ドゥーフ」を、カトリックやプロテスタントは「霊」と訳しましたが、日本に来たロシア教会の宣教師ニコライは、「霊」だと幽霊みたいなものと受け止められてしまうと考えて「神゜」という表記にしました。ですから、正教会だと「霊的体験」は、「神゜的体験」となるのです。「聖霊」は「聖神゜」になります。

高橋　実は「霊」という言葉は好きではないんです。カミやココロのようなやまと言葉ではないので、響きの力が直接伝わってきません。今度から、その字を使いたくなります。オカルト的なにおいもなくなりますし、「神」だと無意識に読み飛ばせないので、すごくいい表現です。

佐藤　そう、読み手を驚かせないといけないのです。20世紀初めにドイツで流行った表現主義と同じで、読み手が驚くようなことを書くことにより、読み手に考えさせることができますから。

シュタイナーは定義によって組み立てていくという思考様式を嫌ったと思うので、それが既存のアカデミズムに組み込まれない要因なのでしょうが、だからこそ表現主義の技法を使ったのではないかと思います。オカルトなんていう言葉を使うと、みんなが何のことかとびっくりしますが、それによって目には見えないけれど確実に存在するものがあること、隠されているけれど顕《あらわ》されるものがあることを、考えさせることができますから。

高橋　おっしゃるとおりです。

表現主義というのは画家のカンディンスキーやパウル・クレー、音楽のシェーンベルクのように、外的な現実そのものよりも、その現実をつき動かしている内的衝動を表現対象にする立場だと思いますが、その表現主義的な言い方で、先ほどの深淵に身を置くという問題と、時間と空間の融合について話をさせていただきます。

たとえば、私が何百メートルもの崖の上から真っ逆さまに落ちるとします。その崖はつるつるしていて、いくら手を伸ばしてもつかめるものは何もなく、ただ落ちるしかない。あと数秒経ったら自分の身体は大地に叩きつけられてしまうということを感じながら、ひたすら落ちていく。そのときに意識がまともであったら、何を思うことができるでしょうか。何かを信じている人でしたら、ひたすら神に祈るという手段があるかもしれませんが、頼るものがすぐに見つからないと、絶望しか残りません。この絶望しか残らない状況は、フロマートカの言葉でいう「最も深い深淵」だと思うのです。そしてわれわれの一生も、ある意味ではひたすら崖の上から下に落ちていく過程ではないでしょうか。数秒と何十年という違いがあるだけで、永遠からみれば、両方とも一瞬でしょうから。その瞬間を生きることにどういう意味があるのかを考えるために、崖から落ちるという表現を使わせていただきました。

佐藤　われわれは9・11を知っているから、いまのたとえのリアリティを実感できます。このままでは炎が回ってきて確実に焼け死ぬからと、ツインタワーから飛び降りる人の映像がテレビで流されましたが、それを憶えている人は多いでしょう。飛び降りて地面に落下したら絶対に助からないとわかっているのに、飛び降りたのです。落下するまでの数秒間には、いま高橋さんがおっしゃったことがリアルに存在していて、その時間の尺を伸ばしていくとわれわれの人生そのものになるわけです。

いまはあまり読まれなくなってしまっていますが、元読売新聞記者の菊村到《いたる》が書いた『硫黄島《いおうとう》』という小説があります。1957年の芥川賞受賞作です。小説の世界は1951年の設定で、新聞社に硫黄島から帰還したという男がやってきます。その男は硫黄島に従軍していて、他の兵士と一緒に洞窟に潜んで戦闘していたのだけれど、米軍に投降します。従軍時に日記を書いていて硫黄島の岩穴に埋めてきたのだけど、米軍からの許可が下り、硫黄島に日記を取りに行けることになったので、そのことを記事にしてほしいと言う。主人公の記者は、この男は嘘をついているのではないかと思って、ガスが日常的に出ている硫黄島で日記なんて残っていないのではないかと聞くと、男は乾パンが入っていたゴム袋に厳重に封をしているから絶対に残っていると答えます。疑念を抱きつつも記事にするのですが、しばらく経ったころ、ライバル紙に、その男が硫黄島で飛び降り自殺をしたという記事が出ているのを読みます。そこで、記者は男と一緒に洞窟にいた友人の元兵士を訪ねていくのですが、硫黄島での男の悲惨な戦争体験が明らかになります。自殺した男と友人は水を入手するために人を殺したし、自分たちが助かるために人を見捨てたこともあった。それから、自殺した男は、実は日記らしきものは一切つけていなかった。男は新しい人生を始めようと思っていたのだけれども、硫黄島に行ったことによって何かの力に引き寄せられて飛び降りたのではないかという話なのですが、死ぬまでのモラトリアムが数年延びただけで、硫黄島で死ぬという結論は変わらないのです。時間はふつうに流れているし、空間も男が硫黄島にいた当時とは違っていないのだけれど、男の心のなかでは変容している。時間と空間を考えるうえで、示唆的な小説だと思います。

高橋　まさに深淵そのものがテーマになっているのですね。

私たちが日常的な意味で時間と空間と言うときには、まず物質空間があって、その物質空間のなかで時間がどのように経過するかということを考えます。時間を指示する時計の針は物質空間のなかでの動きですから、私たちは時間を空間で測っています。けれども佐藤さんのおっしゃるように、それではすまない場合が生じます。測るものを外の空間から内の空間に変えたらどうなるのでしょうか。一人ひとりが自分のなかで内部空間を体験するしかないので、物質空間の場合のように、針で客観的に時間を測ったりすることはできません。空間を他の人と共有することができないのです。佐藤さんはそういう、共有できない一人ひとりの溶けた時空を、どうしたら共有することができるのかという問題を考えておられるのだと思います。時間と空間が融合するということは、物理的な空間と時間が個別的で内的な時間と空間になるということですが、そうなると一人ひとりがそれぞれの形で時間と空間を融合しています。そしてそれは他者の場合とは絶対に違う。物理学者の中谷《なかや》宇吉郎《うきちろう》さんは「どんな雪の結晶もひとつひとつ全部違う。同じ結晶はない」「どんな葉っぱの形もそれぞれ絶対に他と同じ形はない」と述べていますが、天地創造の根源だけに存在する普遍的な形式が現象界に現れると、雪の結晶も一人ひとりの顔も指紋も他と違うものになってしまう。同様に、われわれの内面でも、それぞれ違う空間、時間が体験されています。けれども、そういう運命的な時間、空間を交換し、共有することが可能です。私たちはそれができてはじめて人間の共同体の土台がつくれると思うのです。西田幾多郎[*20]の言う「絶対矛盾的自己同一」のような話ですが。

　私たちは物質空間を共有しうるだけで共同体を形成することができると、当たり前のように思っていますが、本当はそれぞれ違う個別的な空間、時間を互いに共有する形での共同体でなければ、私たちの求める共同体にならないはずです。佐藤さんが『日本国家の神髄——禁書「国体の本義」を読み解く』（扶桑社）のなかで、日本人として日本固有の時空間を共有していることを、「結び」というキーワードを使って強調されていました。日本人の生き様の本質は「結び」にあり、「結び」によってわれわれはこの世だけではなく、高天原《たかまがはら》以来の霊的な共同体を共通した伝統として持っているということを、『国体の本義』[*21]をテキストにして徹底的に論じてくださっていて、われわれが日本人であることを自覚するための必読書だと思います。タイトルだけを見ると、右翼の思想を読まされるのではないかと思ってしまいますけれども、佐藤さんのこの作品は右翼・左翼を超越しています。右にしろ左にしろイデオロギーを超越しなければ、個的な体験にはなりません。この本から、個的な立場で一人ひとりが体験したものを共有する共同体の大切さを学びました。

佐藤　丁寧に読み解いてくださり、ありがたく思います。

高橋さんとの対談では、近代的な学知のやり方、言葉で定義していくというやり方が苦手とする問題を題材に言葉で説明することを試みようとしていますが、私がある時期まで非常に力を入れてやった、『国体の本義』や『米英東亜侵略史』[*22]の読み解き（『日米開戦の真実　大川周明著『米英東亜侵略史』を読み解く』、小学館文庫）も、同じものです。こういった書物の知的遺産は何もないとされている、思想的練度が低いとされていることに異議申し立てをしてきちっと説明をしておかなければ、また同じようなことになる危険性があると思ったからです。一流の思想家による書物でもあの戦争を阻止することはできずに、戦争なり侵略なりのイデオロギーに使われてしまったことを逆説として示したかったのですが、いまや日本の論壇の主流がそちらにあるので、あまり逆説として受け止められなくなったと感じています。

人は形而上学から逃れられない

佐藤　いまは1970年代に影響力のあった経済学者宇野弘蔵[*23]の読み解きをしています。高橋さんの時間空間のお話を伺いながら、宇野弘蔵がイギリスの詩人サマセット・モームの解剖の描写を例に資本主義を論じているところを思い出しました。モームが解剖の演習をしているときに、解剖図通りに神経がないと言ったら、指導教授が「細胞の位置というのは、すべてが例外で、同じものは二つとしてない」と答えます。つまり、細胞のように、それぞれの国の資本主義はそれぞれに違うという話なのですが、それと同じように、われわれの内的な時間は違うし、内的な空間も違います。しかしながら、もし完全に違ったら、他の人たちと共通の言葉・認識といったものはなく、お互いに理解することはできなくなってしまいます。それなのに理解できてコミュニケーションがとれているということは、メタなものがあるはずで、そこに形而上学が出てきます。形而上学とは、目には見えないけれども確実にあることを考えるものですから。以前、評論家の立花隆さんと『ぼくらの頭脳の鍛え方』（文春新書）という対談本を出したのですが、立花さんは形而上学を持っていなくて、目に見えないけれども確実にある世界を認めないという立場であったので、最後まで議論がかみ合いませんでした。

高橋　ドイツ語では形而上学をメタフュジーク（Metaphysik）といいますが、その言葉どおりに考えると、目に見えない物質を超えた世界を対象とする学問は、すべて形而上学になります。この存在はどうして存在しているのか、いまここにあるものにどんな存在の根拠があるのかという問題は、因果論では解決できません。ゲーテは対話編のどこかで、もし自分に余命が残されているならばギリシア語を勉強して、アリストテレスの著作を読み直したいと言っていますが、アリストテレスの哲学では、形而上学があらゆる存在の根拠を提示する最高の学問だとされています。その立場がトマス・アクィナス[*24]によって受け継がれ、キリスト教的神学の土台を築くのにも決定的な役割を演じました。

私は井筒俊彦先生をとおして、アリストテレスを教えてもらいました。井筒先生の『神秘哲学』という若いころの著作は、ギリシア哲学を、アリストテレスの超難解な『魂について』を含めて、非常にわかりやすく説明してくれている、すごい本です。最近、復刊されて（『神秘哲学　ギリシアの部』慶應義塾大学出版会）入手しやすくなりました。

佐藤　高橋さんは、大学で井筒さんに師事されていらした？

高橋　ええ、とてもありがたかったと思っています。本当に何でもご存じな先生で、それでいてわかりやすく人に伝える術《すべ》に長《た》けた方でした。そういえば、学生のあいだで、井筒先生は２００カ国語ぐらいできるらしい、と噂になったことがあります。それで実際に家に訪ねていって聞いたら、笑って「そんなことないよ。せいぜい50カ国語だよ」とおっしゃって、また驚かされました。

佐藤　井筒さんが大思想家だったのは、言語に堪能であっただけでなく、その背後に神秘学があったからこそです。

　アリストテレス形而上学は、いまの哲学の基本であり、キリスト教神学にも入り込んでいます。アリストテレスの「質料と形相」という考えがあります。すべてのものは、材料や素材という質料と、つくられた形である形相が組み合わさってできているという考え方です。たとえば、机が形相とすると、板は質料になります。次に板を形相とすると、木が質料になります。こういうふうに根源をたどっていき、これ以上分けることができない源《みなもと》を、アリストテレスは第一質料と呼びました。中世のカトリック神学には、そういったアリストテレス哲学が入ってきたため、第一質料と神が結びついてしまい、静的なスコラ哲学が生まれます。キリスト教の神は動的なものなので、静的な中世神学の枠組みでは、リアルな外部をとらえることができなくなってしまったのです。

私はキリスト教徒だということを公けにしているので、よく読者から「私は唯物論者ですが、なぜ佐藤さんは神を信じるのですか？」といった質問を受けることがあります。でも、「物質」という名前で呼んでいるものを、「神」と言い換えても同じではないでしょうか。知識が増えればすべてを説明しつくせるという立場ならば、物質や神といったものを想定しなくていいはずです。物質や神を想定するということは、自分の知識や認識では説明できないものがあること、つまり外部があることを前提としているのです。

プロテスタンティズムは、究極の反知性主義であって、反理性主義の立場を採ります。基本的に理性を憎んでいるし、物事の法則性は魔術と同じくくりになるので、究極的なところでは自然科学を信じていません。だから無知蒙昧《もうまい》な人がプロテスタンティズムの理想とするところなのですが（笑）、われわれは近代的な世界観に基づいた教育を受けているので、そういったものが塵芥《ちりあくた》のようにくっついてしまい、本来のプロテスタンティズムが目指したような境地にはなかなか立てないわけです。

高橋　社会のあらゆる分野に目を配っておられる佐藤さんのような方の理想が無知蒙昧だということに、プロテスタンティズムのすごさを感じます。

日米安保と北方領土問題

高橋　この回のテーマは「国家」ですが、佐藤さんの作家としてのデビュー作である『国家の罠』（新潮文庫）を読むと、怒りが湧いてきてしまいます。北方四島の問題を解決しようと、佐藤さんは命がけで外交をやっていらしたのに、そういう尊い意図を駄目にすることで、人間性も否定し、ひいては日本の国益そのものを損なっているわけですから。佐藤さんは、同じように刑事裁判にかかった小沢一郎（自由党代表）さんの元秘書・石川知裕さんとマックス・ヴェーバー[*25]の勉強会をされて、本にしていましたね（『政治って何だ!?』ワニブックスプラス新書）。お二人が逮捕されるまでに至るプロセスは、われわれ日本人全体が共有すべき問題だと読んでいて感じました。

佐藤　そうおっしゃっていただくと恐縮ですが、『国家の罠』はちょっとかっこよすぎますね（笑）。あまり恨みがない「ホワイト佐藤さん」ですが、私には「ブラック佐藤さん」の面もあります。そちらを商業出版で出すのは出版社に悪いので、自費出版で『外務省犯罪黒書』（講談社エディトリアル）という本を出しました。読んでいただければわかりますが、こんなに陰険な人がいるのかと人間性を疑われるような内容になっています（笑）。

高橋さんが、私の逮捕は国益を損なうとおっしゃいましたが、北方領土問題は、アメリカとの関係を考えると、実は難しい問題です。いまの日米安保条約では、日本が実効支配している領域において米軍を展開することが認められているので、もし返還後に米軍の基地が四島につくられるということになるのだったら、ロシアは絶対に返還しないでしょう。択捉《えとろふ》島の単冠《ひとかっぷ》湾は真珠湾奇襲のときに帝国艦隊が集結した場所でもあり、ロシアの安全保障上の脅威になるわけです。北方領土交渉を進めていくならば日米安保条約に聖域をつくらないといけないのですが、そうなると日米の信頼関係に傷がつくと考える人が外務省内にいても不思議ではありません。それから北方四島に日本並みのインフラを整備するとなると、8兆から10兆程度のお金がかかります。財務省が返還されないほうがいいと判断しても、不思議ではない。日米同盟を絶対視する人や財政赤字を気にする財務省からすれば、北方領土が永遠に返ってこないほうが、国益にかなうわけです。あるとき、河相周夫《かわいちかお》

（元外務事務次官、現宮内庁侍従長）に「君たちは本当に北方領土を解決しようとしているのか。そんなことになったら大変なことになるぞ」と呼び出しをくらったことがありました。上司だった東郷（和彦、元オランダ大使、京都産業大学教授）さんにそのことを伝えたら、「そんな馬鹿の言うことは放っておけ。いずれ勝つのだから心配しないでいいよ」と言ってくれたのですが、勝ったのは向こう側でした（笑）。

高橋　北方四島にはアメリカの軍事基地化の可能性があるのですね。そのことはまったく考えていませんでした。でもいまのお話を聞くと、人間というものが信じられなくなります。外から見ると紳士なのでしょうが。

佐藤　我が事のように怒っていただき、ありがとうございます。これについては、目に見えないものとの関連で、こんな不思議な後日談があります。２０１５年11月のある日、鈴木宗男さんから電話がかかってきました。「神様、仏様はいるものだなあ。新聞を見たら小寺《こでら》（次郎、元外務省特命全権大使）が辞職になってるぞ」と。鈴木さんを叩く過程で大きな役割を果たした外務官僚は二人いました。鈴木さんにぶん殴られたと産経新聞に言って鈴木バッシングに火を点けた加賀美（正人、元内閣情報調査室参事官）と、田中眞紀子と組んで猿芝居をやった小寺です。加賀美は数年前に練炭で幽明界《ゆうめいかい》を異《こと》にし、小寺はメンタルの調子が悪くなって定年よりかなり早く退官することになりました。私や鈴木さんは、小寺や加賀美のことなんか忘れてしまっていたのですが、向こうからすると何か目に見えないものに追い詰められているように感じているのかもしれません。それで心に変調を来《きた》して表舞台から引退するとか、「部屋に入らないでください。死んでいます」という奇妙な遺書を残して幽明界を異にするとかが起きる。だから、なにか闘いをして勝ったと思っても、勝った側の心のなかには「やりすぎたんじゃないか」「恨まれているんじゃないか」といったようなものがずっとあって、そういう目に見えないものに追いかけられるようなことがあるのです。

高橋　平安時代、清涼殿《せいりょうでん》に落雷があったことを菅原道真の怨霊ではないかと思ったそうですが、そう思った人にはやましい気持ちがあったのでしょうね。

個人と国家と社会

高橋　外交というと、国同士が行うものであり、それを担うのは政治家なり外務省なりでしょうが、最後は政治家、官僚の人間性の問題になってくると考えてもいいでしょうか。

以前知り合ったドイツ人で、高校のときの歴史の授業でアウシュヴィッツのことを学んでショックを受け、卒業後にドイツから歩いてイスラエルへ行き、キブツで一年間奉仕活動をしたという人がいました。彼に見習い、私もお詫びをしようと思って、韓国語を学んで韓国に出かけたことがありました。意外なことに、こちらのそういう態度だけで、韓国の人たちは親切にもてなしてくれました。市民の一人ひとりでも、相手と結びつこうとすれば、どんなに国と国の関係が悪いと言われていても、その関係と別のところで人間関係をつくれるのだと思いました。だからそれを拡げていけば、国と国の関係にも影響する可能性があると思ったのですが。外務官僚や政治家の人格が国と国の関係を深めたり、逆に悪くしたりすることはあるのでしょうか。

佐藤　それは、個人や社会の延長上に国家があると考えるか、あるいは個人や社会と断絶した外部的な原理から国家が生まれているものと考えるかによって分かれるのではないでしょうか。国家論の根源にかかわることでもあります。

高橋　ああ、国家と社会の問題につながるのですね。私の好きな『バガヴァッド・ギーター』[*26]のテーマにもなっていますが、戦争になると、親しい友人でも敵味方に分かれてしまいます。

私はもちろん政治家でも官僚でもありませんから、市民の立場に立つしかありませんが、私はどこかで国家を社会の延長上で考えてしまっています。ナチスはワーグナーなどによる神話の芸術表現を政治利用しましたが、民族の歴史や文化を共有することによる社会的な喜び、温かさをドイツ国家が利用したからこそできたのですね。近代の日本においても、国家を代表する軍部が天皇を政治的に利用し、伝統社会のなかに保たれてきた天皇と国民の温かい関係を、上下関係を守る手段として悪用しました。

佐藤さんはどうお考えですか？

佐藤　私は、国家とは、個人や社会と断絶した外部的な原理ではないかと思います。

高橋　個人や社会と断絶していると考えると、国家は暴力の装置になりえますね。

佐藤　ええ。私が長く、国家の内側にいたからかもしれません。暴力の装置である国家が複数あるので、外交は勢力均衡を考えたりといった、一種のゲームになります。外交官はそのゲームを体現するわけですから、個々の外交官が良心的な人であったり、韓国語や中国語に通暁《つうぎょう》したりしていても、親韓派や親中派にはなりません。その国の言語を身に付け、文化や風俗も知り、一定の人脈を築いても、それはあくまでも自分たちの国益を体現する客体として役に立つ限りにおいてなのです。ですから、もし少しでも相手が牙をむき出したら、「なんだ、この野郎！」と衝突してしまう。戦前の日本軍に多くいた支那通《しなつう》だとかと同じですよ。だから国家と個人が結びついたときには、私は楽観視できないと思っています。

国家における性の二重構造

高橋　私たちは国家に安易に頼り過ぎているのかもしれません。国家の暴力性ということで言えば、国家が個人の精神生活を脅かすことがあるのは間違いないと思います。私の体験では、戦時中がその最たるものでした。特に男女の結びつきという尊いものが国によって蹂躙《じゅうりん》されたのを心の傷として憶えています。小学校では男と女が一緒にいるのはよくないことだと教育されました。小学校は男女のクラスが別になっていたし、進学先も女学校と男子中学校に分かれていました。姉と歩いているだけでも、「あつい、あつい」とからかわれて、何かいけない恥ずかしいことをしているような気持ちにさせられたものです。戦時中は、男女間の結びつきを妨げるためのさまざまな方策を、国家が立てていたように思います。従軍慰安婦の問題も、国家によって国民の精神生活が蹂躙されたという観点から読み解けるのではないでしょうか。小部屋に女性を寝かせてひとり何分かで行為をおえさせるということで性を冒瀆《ぼうとく》するのですから。相手に対してまともな愛情を抱かせない装置です。愛情のすべてを愛国心だけに集中させようというのです。その意味では、日本の軍隊に入った若者たちも大変な被害者でした。

佐藤　ええ。位相は違いますが、韓国人の女性たちだけでなく、日本の若者も被害者だったと思います。しかし、私はやはり韓国人の女性たちがいちばんの被害者だと思います。最近は経済学のエージェント理論[*27]をつかって、慰安所のなかでも恋愛はあったというふうに正当化しようとする人がいますが、そのような場所で起きる恋愛は、果たして真の恋愛でしょうか。また、ソ連や他の国も同じことをやっていたんだと言う人もいますが、「あいつもやってるんだから、おれもやっていいんだ」というようなことにはならないでしょう。慰安婦の問題は、どう言い訳をしても免責されることではありません。

高橋　本当にそうですね。従軍慰安婦になった女性たちは、精神的にも肉体的にも国家権力によって大変な暴力を受けていたのですから。従軍慰安婦には、韓国だけでなく日本の女性、沖縄の女性もいました。

佐藤　はい。舛田利雄監督の『大日本帝国』（1982）という映画に琉球慰安婦と思われる女性が出てきます。佳那晃子が演じていて、サイパン島に兵士として行った三浦友和の相手をするのです。

日本の軍隊における男性の暴力性は、小説にも描かれています。野間宏の小説『真空地帯』にある男ばかりの軍隊で行われる卑猥な話、五味川《ごみかわ》純平の小説にある卑猥な話ばかりをする内務班や、中国人女性への暴行は、現実にあったものでしょう。その一方で、祖国にいる許嫁や妻への誠実な想いが描かれている。つまり、女性の性の分業化が起きていて、妻や許嫁と、性欲を処理する慰安婦を、別のカテゴリーにしているのです。いまの日本に性風俗産業が多いのも、このように人間性と性を使い分ける考えの延長上にあると思います。

田中克彦さんが従軍慰安婦について書いた本(『従軍慰安婦と靖国神社——言語学者の随想』KADOKAWA)を読んで気づかされたのですが、なぜ従軍慰安婦は靖国神社に祀られないのか。保守論壇のなかでは、慰安所があったから日本は軍紀が保たれたということを言う人がいますが、戦争のために貢献したという論理ならば等しく祀られるべきなのに、従軍看護婦は祀られ、従軍慰安婦は祀られていません。性の二重構造があるように思います。

高橋 「性の二重構造」、おそろしい言葉ですね。

佐藤 私は、社会や組織といった集団における男性の女性への対応は、その集団そのものを性格づけるように思います。日本のあらゆるところにマッチョな男権主義が根づいている。

われわれは男性である以上、いまのシステムのなかで受益している立場です。こういうことを言うと、必ず女性も悪いところがあるから男性ばかりを責めるのもいかがなものかという声が出てくるのですが、植民地支配の構造と同じで、宗主国にもいい人がいるのだといったところで免責することにはならない。自分のことを振り返っても、やはり受益している立場にあると思います。私の家事の負担はパートナーである妻よりもはるかに少ないですし、自分が経済的な費用を確保しなければという思いが無意識のところであります。社会にしみついている男権性が自分のなかにもあるのです。

公的な世界に出てくる女性が過剰に男性のようにふるまったり、男性に対応する意味での女性性を強く出そうとしたりするのも、日本社会の男権性が内面化されているからではないでしょうか。

高橋　いまでもそういう二重構造が残っているのですね。

佐藤　男自身も、その男権性に縛られていることがあります。

橋下徹（元日本維新の会共同代表、元大阪市長）さんが在日米軍の司令官に、性犯罪防止策としてもっと性風俗産業を利用するようにと提言したことがありましたね。これは女性蔑視として問題になりましたが、実は男性蔑視でもあるのです。沖縄の新聞は、男性は性欲が抑えきれなくなると強姦をするという強姦神話に基づくもので男性に対する蔑視でもある、金銭を媒介させて他者に性欲を満足させるということ自体がおぞましいと書いていたのですが、鋭い指摘です。女性が疎外される原理では、男性も同じように疎外されます。

高橋　その原理に、男性も女性も気づくことが大切ですね。ひとりの人間のなかには、男性的な面と女性的な面があってしかるべきで、これは社会についても同じだと思います。この問題は、次の「資本」でも取り上げたいと思います。

社会の力を強化する

高橋　暴力装置としての国家に対抗するためにできることがあるとしたら、国家ではなく、社会と個人の結びつき方が問題になるのではないのでしょうか。

以前、フランスのジャーナリストであるイグナシオ・ラモネが書いた『グローバリゼーション・新自由主義批判事典』（作品社）という、国家と市場と市民社会の三つの組織化についての本を読み、「市民社会」という概念を知りました。シュタイナーは、社会は大きな生きた身体であり、法＝国家生活、経済生活、精神生活は有機的に結び合う生命体であり、そして法＝国家生活の活力のもとは平等、経済生活は友愛、精神生活は自由、とイメージしました。社会は、法生活でもある国家から独立したところで精神生活を確立します。それが見えない世界です。この見えない世界が見える世界の土台になります。精神生活の上に経済生活や法＝国家生活が築かれるのであって、その逆ではありません。しかしいまは、衣食住を人間に保障してくれる経済生活が土台にあり、さらにその上に国家が法生活として君臨している状況です。そして社会的な土台としての精神生活は、単なるイデオロギーにすぎなくなってしまいました。ですから平等も友愛も自由も、いまは社会的に死んだ概念でしかありません。生きた力として実感できなくなっています。

国家の本質は法、つまり司法と立法と行政ですが、この法生活が社会の中心に位置すると、個人や社会の精神性は国家にとって、権力を維持するための手段になってしまいますし、経済生活が中心になると、国家に縛られない、グローバルな新自由主義的な経済関係に個人が従わされる社会になります。

佐藤　おっしゃるとおりです。いまは法生活であったり経済生活が権力の上位にきています。

高橋　シュタイナーは、精神生活、つまり目に見えない世界を社会の土台だと考えましたが、国家は、自分こそが社会を成り立たせている土台だと勘違いしているので、平等を保障する憲法もその他の法律も自分が管理するという建前のもと、経済生活と精神生活を支配下に置こうとしています。しかし、この状況は根本が狂っているような気がします。

佐藤　いまの日本において、国家の暴力性が加速していることは間違いありません。新自由主義政策をいくつも進めて社会を弱体化させ、国家を内側から壊しているのですから。子どものうち6人に1人が貧困状態にあるというのは、尋常な状況ではありません。それにもかかわらず政治家たちは、国家を強化していると主観的には信じています。これは世界的な現象かもしれません。アメリカでトランプ大統領が成立したこともですが、そういう流れになってしまっているのでしょう。

高橋　その流れを肯定するかしないかは、社会を構成するわれわれ一人ひとりの判断に委ねられているはずなのですが。

佐藤　私はきわめて悲観的です。貧困の問題に具体的にどう向き合うかということでしたら、たとえばフードバンクを通じて食料を供与したりといったことができますが、いまの日本の政権がどうなるかということには、私はほとんど関心がありません。人生には限りがありますし、政治家と付き合うのは相応の時間とエネルギーを割かなければいけないので、優先順位からいくと低いのです。

高橋　でも佐藤さんのような方に関わっていただかないと、ますますどうしようもない状況になってしまいます。

佐藤　この社会は、変化していく力を持っていますから、私はそれに期待しています。リアルな社会を強くするには、逆説的ですが、フィクションである文学の力が復権するといいのではないでしょうか。いまのナルシシズムに陥った日本の政治エリートの状況は、本谷《もとや》有希子さんの『腑抜けども、悲しみの愛を見せろ』（講談社文庫）の主人公と非常に親和性が高い。この本の主人公は、私は特別だと自信満々で周りから総スカンを食っている女性なのですが、描かれている大いなる自意識の肥大、他者と正常なコミュニケーションを取ることができない状況は、憲法改正に向けて頑張っているおじさんたちと通じるものがあります。

高橋　いまは文学の力で社会感覚を意識化するのを求めているのかもしれません。文学は主人公と読者の時間と空間を溶かす力があるのですから。

私は原田マハさんの本を愛読しています。佐藤さんの『外務省に告ぐ』（新潮文庫）の解説を書かれていたことで、原田さんのことを知りました。いまの日本の現役作家の文学作品は、本当に社会や他者に対しての想像力を養ってくれます。文学好きにとって、現代は文庫本で時間と空間を溶かすことのできるありがたい時代だと思います。

シュタイナーの社会有機体論から言えば、私たちはそれぞれ細胞の次元で社会という生き物の生命力を共有して、それをそれぞれで育てていかねばなりません。いまだに国と社会が混同されており、愛国主義と社会愛、人間愛がほとんど同じイメージで受け取られていますが、国家自身は自己中心的なあり方をしているので、他国を排除する方向にいき、他国との内的な関係性が見出せなくなっています。まず、社会を愛することを心がけたいです。

佐藤 そのとおりです。だから社会を強化するという方向性が正しいのです。

私が政治にオーバーコミットしないのは、いまの政治家が、個人→家族→社会→国家という同心円を描いてしまっているからです。共産党ですら、改正安保法以後、「国民連合政府」なんてことを言い出しているような状況ですから。共産党はマルクス主義が党是《とうぜ》なので、これまでは国家を前提とする「国民」という言葉は避け、「民主連合政府」「人民的議会主義」という言葉を使っていました。

国家を基準にせずに社会を強化できる政治勢力があるといいのですが、なかなか難しい。強いて言うと、当事者がどこまで理解しているかはともかくとして、公明党が当てはまると思います。支持基盤である創価学会は、世界宗教であり社会団体でもあるので、国家の論理には基本的に入り込みません。共産党も本来は国家の論理に入らないはずですが、不破《ふわ》哲三《てつぞう》さん（日本共産党中央委員会常任幹部委員、元衆議院議員）が最近書いているものを読むと、構造改革論と国家を組み合わせたことを言っていて、国家主義にとらわれているように感じます。

高橋　たとえばいまの日本が抱えている沖縄問題を解決するには、日本を連邦国家にするのも一案ではないかと思うのですが、いかがでしょう。

佐藤　重要な問題提起です。いまの沖縄の置かれている状況を見ると、いったん連邦制にして頭を冷やし、一緒にやっていけるかどうかを議論する必要があるように思います。「沖縄と本土」という日本のなかでの分節化ではなく、「沖縄と日本」という二項対立になってしまっている前提から考えなおさなければいけません。このままでは死者が出る可能性もあります。それが沖縄出身者か本土出身者かで、また流れが変わると思います。『置かれた場所で咲きなさい』のメッセージと通じるものがありますが、いまいる状況から「こうあるべきだ」という理想に向かうやり方ではなく、いまおかしい状況にあるという現実を直視することからスタートしなければいけません。現実を冷静に見る、冷たい分析者としての目が必要です。死者が出ないと沖縄の状況が変わらないと言うのも、そうあって欲しいと願っているのではなく、分析者の目から見えることなのです。

高橋　以前、日本の人智学協会で何度か国際会議を行ったことがありましたが、沖縄の方に参加していただきたくて、染織家の志村ふくみさんの紹介で、沖縄本島だけでなく、石垣島、竹富島、西表《いりおもて》島も何度か訪ねました。現地の社会運動家の方、ユタやノロの女性たちとも話し合いましたが、男よりも女のほうが聖なる存在であることを知り、東アジアのシャマニズム文化の源流にふれたような気がしました。土地に対する沖縄の人たちの聖なる感覚を思い出すたびに、聖なる海に対する政治家たちの無神経ぶりに腹を立てています。アメリカ軍に沖縄人の聖なる土地感覚をわかってもらうのは無理だとしても、せめてわれわれがシャマニズム感覚を、沖縄をとおして取り戻すことができればと思っています。

日本の教育と子どもの未来

佐藤　社会を強化するには、教育の果たす役割を無視できません。しかし、いまの日本の教育は危機的状況にあります。このままいけば貧困が連鎖し、親世代が受けてきた水準の教育を、子どもに伝達することができなくなってしまうでしょう。いま、私立大学の入学時納付金は約150万円、年間授業料は約100万円ですが、大学の経営が大変なので、10年後には年間授業料は300万円近くになるでしょう。こういう時代になってしまうと、いまの水準での高等教育の再生産は無理になります。奨学金を借りて大学へ進学をすることもできますが、現状でも私立大学の場合だったら、卒業時に500万近い借金を抱えてしまう。社会人1年目の年収はせいぜい300万円台ですから、こつこつ返済したとしても、10年近くかかってしまうでしょうし、就職できなかった場合はさらに悲惨なことになってしまいます。

高橋　教育こそ精神生活の基礎づくりなのに、いまの教育環境は本当に深刻ですね。教育のために、これから社会に出る若者たちが、500万近い借金を抱えているなんて、ありえません。教育は将来の日本のための土台づくりですから、国が教育に予算をもっと出すことは当然すぎるくらい当然です。憲法に書いてあるとおり、誰もがしっかりした教育を受けることは、国民の権利であり、国家の義務なのですから。これは憲法改正しなくても、法律をつくればできる話です。

雑誌「インパクション」（2009年4月号）の座談会「ベーシック・インカムとジェンダー」でも論じられていましたが、国立大学でさえも、1970年代は年1万2000円の学費だったのが、2000年代には50万円、この30年間に学費が50倍にふくれ上がったそうです。つまり、国には教育費を負担する気がなくなったのです。私は大学に入ったとき、たまたま校庭内の一角に奨学金のコーナーがあったので申し込んだのですが、それは返す必要のない奨学金でした。いまは無利子ならまだいいほうで、利子が付くものが当たり前になっています。

私にとって、いま、教育上の大切な問題がふたつあります。ひとつは、国が授業料をすべて負担すること。もうひとつは、小中学校の授業担当者が「いじめ」と徹底的に向き合うことです。シュタイナーは、現在の社会で最も大事なのは教育問題であり、教育で最も大事なのは教員養成の問題だと考えていました。しかしいまの日本では、教育という精神生活の土台を支配しているのが、文科省や教育委員会という法＝国家生活になってしまっていて、すぐに第三者委員会を立ち上げるとか言い出します。大人が子どもの将来を気に掛けるのなら、まず第一にやるべきことは、法の整備ではなく、先生の精神生活を充実させること。それには先生が報告書を書いたりしないで、つまり法＝国家生活の支配を脱して、十分な自由時間が持てるようにすること、そしていじめをなくすことです。いじめは子どもの人格をつぶします。いじめこそ、国家の暴力性の象徴なのです。

佐藤　教育を強めるという話になると、日本では実利に結びつく研究を行っている機関に資金を投じがちです。しかし、就学前教育や義務教育といった低年齢での教育こそ力を入れて、個人が自由な精神生活を行える土台づくりをしなければいけません。小学校の道徳の教科書検定で、「国や郷土を愛する態度」を養うために、パン屋が和菓子屋に変更させられたと話題になりましたが、そんなことで養われる愛国心は、ナルシシズム的なものにすぎません。重要なのは、多様性を尊重することです。そういう教育を受ければ、自分はもちろん、他者の自由も尊重しますし、いじめもなくなっていくのではないでしょうか。

高橋　そのとおりだと思います。大人つまり国家が子どものために、自分にできる最高の環境を用意するというのが基本のはずなのですけれども、いまの学校は地獄のようないじめの温床になってしまっています。

佐藤　学習システムを偏差値で判断する環境ですからね。私はいま同志社大学で客員教授として教えていて、学生と接する機会が多いのですが、最初はみんな勉強が嫌いですね。大学に進んでも、それまでの受験勉強の延長で、偏差値教育の延長にあるGPAを上げることを目的とする勉強をしてしまうし、就職のことばかりを気にしてしまいます。

いまの教育は、数値を評価基準にしています。ですので、数値で評価されて喜ぶという心理に介入していけば、いろんな商売がうまくいきます。あるカルトに入っていた人についてですが、そのカルトの試験で100点を取ったことが深入りするきっかけになったそうです。だから高橋さんが書いていましたが、通知表や席次表やらは、本来は要らないのです。

高橋　子どもは純粋なので、自分たちがいつでも数値で比較されていることを、白紙状態の魂にたたき込まれます。私は戦前のことは褒めたくないのですが、学校の教育環境においてだけは、現在よりずっと生きやすい環境が子どもたちのために用意されていたと思っています。教育委員会などなかったので、小学校は先生と子どもの結びつきが強く、クラスそれぞれに個性があって、顔つきがクラスごとにどこか違っていました。先生は子どもの家で夕食をご馳走になったり、日曜には子どもを自分の家に呼んで、将来の夢を話し合ったりしました。いじめっ子がいたら、先生はその子を呼んで、ぼくたちの組をいじめのない組にしたいので、先生の助手になって手伝ってくれないか、と頼んだりしました。いまはそういう、先生と子どもが個人的に家庭的な人間関係を結ぶことのできる教育環境がなくなってしまっていますね。

佐藤　だから教師が十分に生徒を把握できなくなってしまい、数値で客観的に評価するということになっているのです。

大学も同じですよ。先ほど同志社大学で教えていると言いましたが、履修しても単位がつかない非正規の講座でやっているのです。なぜかというと、正規の講座だと、学生と食事に行けないから。いま、学生が教師を評価するシステムを導入する大学が増えているので、もし私がレストランで学生に奢ったりすると、あの先生は接待して評価を金で買おうとしているというような話になってしまうのです。私は学生のときに先生に奢ってもらったから、先生として教える側になったいま、その恩を生徒に返すのは当たり前だと思っているのですが、折り合いをつけるために正式の単位登録ができない講座にしたのです。

いま、文科省が進めている、大学のスーパーグローバル化も問題です。難関私大で教えている日本語ネイティブの先生に、日本語で話す場合と比べて、英語だとどれくらいを伝えることができるかを聞いたら、3割だそうです。そのうち学生がどのぐらい把握しているかを聞いたら、2割だと言うのです。3割のうちの2割なので、日本語で伝えた場合の6パーセントしか、知識が伝達できないような状況になってしまっています。もう十数年もすれば、軌道修正されるのでしょうが、その間に高等教育を受けた人はご愁傷様です。

高橋　どうも国が行う教育改革は営利主義的ですね。英語は伝達手段にしかすぎません。英語ができることは前提なのですから、そのうえで何ができるかを本来は問わなければならないところですが、英語ができることが目標のようになってしまっています。

　少し前に文科省が教員養成系や人文社会学系の国立大学・大学院は社会的要請の高い分野へ転換するようにという通達を出したことにも驚きました。そんなことをすれば社会が弱くなり、ひいては国力も落ちることになるだろうに、官僚にはそういうことが見えていないのですね。

フィクションの力で他者を想像する

高橋　先ほども言いましたが、教育上の人間関係は戦前のほうがよかったと感じています。尋常小学校の6年を終えてから、高等教育に進む人は5年制の中学校に、進まない人はもう3年高等小学校に通い、いまの中学と同じレベルを修了しました。中学校の5年間は同じ先生が教えてくれるので、まるで運命共同体のようでした。中学を終えたあとは、公立だったら旧制高校、私立だったら予科に進みます。

旧制一高の生徒たちが歌った「デカンショ節」という歌があります。「デカンショ、デカンショで半年暮らす。あとの半年は寝て暮らす。先生、先生と威張るな先生、先生生徒のなれの果て」という歌詞です。「デカンショ」とはデカルト、カント、ショーペンハウアーのことで、文系も理系もその哲学者の本を読んで、あとは寝て遊んで暮らそう、という理想を歌っているのですが、私も予科の3年間は、勉強らしい勉強をしませんでした。

佐藤　高橋さんは、東京ご出身でしたね。中学は、どちらに行かれていたのですか？

高橋　東京府立第二十一中学校（現在の都立武蔵丘高校）です。その第一期生でした。戦争中だったので、早く戦場に送り込もうとしていたのかもしれませんが、文部省の方針で中学は5年制から4年制に変わってしまい、私は4年しか行きませんでした。そんな時期だったので、卒業後に、弘前高等学校に行くか慶應に行くか迷っていたのですが、家族がいつ爆撃で散り散りになってしまうかわからなかったので、慶應の法学部の予科に行きました。予科のころはほとんど学校に行かず、中野にあった「クラシック」という名曲喫茶（2005年閉店）にお昼から夜の21時までいて、ワーグナーやブラームスやマーラーといったクラシックを聞きながら、ずっと本を読んでいましたね。あと、唯物論研究会で、佐藤さんがしばしばご本でふれている宇野弘蔵さんと反対の立場である講座派の先輩たちから、いかに労農派がよくないかを聞かされていました（笑）。

大学院になると、当時は学生数も少なかったので、教務課によく呼ばれて「この先生の講義を受けてくれないか。君が受けてくれないと、先生が失職してしまうから」といったようなことを言われたりしました（笑）。だからいくつかの授業は有名な学者と一対一で、家庭教師のようにわからないところは質問したり教えてもらったり、ぜいたくな授業でした。


佐藤　高橋さんが中学に進んだ１９４０年代初めの中学進学率は、小学校卒業者のおよそ4分の1だったそうです。大学進学者となると、さらに少なくなるので、限られたエリート層が行くものであったと思います。

少し時代が前になりますが、詩人のサトウハチローのお父さんで人気少年小説作家であった佐藤紅緑《こうろく》が、１９２７年から28年に雑誌「少年倶楽部」に発表した『あゝ玉杯に花うけて』という小説があります。この小説を読むと、当時の教育環境がどのようなものであったかがわかります。

「あゝ玉杯に花うけて」は一高の寮歌のひとつです。埼玉県の浦和町が舞台で、金持ちの子どもは浦和中学、そこまでの余裕がない子は授業料がなくて奨学金が出る師範学校に行く。しかしその師範学校の奨学金では足りない、もっと家に金を入れないといけないという層は就職しなければいけない。その三階層に分かれた子どもたちの生活ぶりを描いています。主人公のチビ公は父親が死んで家が没落してしまい、母親と豆腐屋のおじさんのところに住んでいます。チビ公は、小学校では成績トップでしたが、母親にもおじさんにも余裕がないので、天秤棒をかついで豆腐売りをしています。小学校時代の同級生に金持ちで正義感が強い柳という少年がいて、親に頼んで援助してあげようとしても、チビ公は自分の力でやりたいからと断る。途中、どうにもならない現状にチビ公がふてくされて、社会に恨みをもつような描写もあったりするのですが、最後は浦和中学に行っていた柳と一緒に一高で寮歌を歌っていたという終わり方です。底辺にいる人間でも自助努力によって上にいける可能性はあるという小説で、大ベストセラーになりました。もしかしたら近未来の日本の姿かもしれません。

高橋　佐藤紅緑の少年ものまでご存じとはびっくりです。雑誌「少年倶楽部」に連載されていた佐藤紅緑の少年ものは大好きで、『あゝ玉杯に花うけて』以外にも『少年讃歌』『街の太陽』『手に手をとって』など、少年少女向けの小説を愛読しました。小学生のときの私の心の拠り所でした。『少年讃歌』は弘前の旧制高校生と佐藤紅緑さんの通っておられた弘前中学生との関係がテーマでしたので、私も弘前高校へ行きたいと思っていました。

佐藤　当時の少年小説は立身出世ものより探偵ものが中心で、読んでおもしろければいい娯楽作品が多かったので、異色の作品です。「少年倶楽部」を読んでいた子どもの大多数は、実際には中学ではない進路を選ばざるをえない。それでも、これから一高、帝大に行くという道があるのだという「勇気」を与えることができる。よいことかどうかは別として、文学の力はこういうところにあるのだと思います。

II 資本

——お金と働くこと

資本主義の男性原理と女性原理

高橋　いまの世界が直面している問題を考えるときには、資本――シュタイナーの言葉でいう「経済生活」を考えることが、社会の土台を考えることになると思います。佐藤さんは宇野弘蔵の読み解きをしているとおっしゃいましたが、資本主義というシステムについて考えるうえでの大切な問題点について、どうお考えでしょうか。

佐藤　まず、資本主義とは何かを定義してみましょう。というのも、われわれは資本主義という言葉を、キリスト教や仏教といった言葉と同じように無定義のまま使ってしまっているからです。しかし、たとえば仏教といっても、チベット仏教や創価学会はもちろん、広い意味でみればオウム真理教まで入ってきます。ですから、まず資本主義を定義するところからスタートする必要があります。

経済学には、カール・マルクス[*1]の『資本論』に依拠したマルクス経済学と、一昔前までは近代経済学といった現在の主流派経済学の立場があります。このうち、マルクス経済学は資本主義に明確な定義を与えています。

まず、資本と資本主義を分けます。資本は、あらゆる時代にあります。人間が必要な物を互いに交換するようになると、いつでも何にでも交換を円滑に行うようにできるために貨幣が生まれます。これが、資本です。資本が発生した社会、つまり資本主義社会では、必要な物を商品として買うことで、人間は生活をしていくことができます。たとえば、本とは本来は知を伝達するものなので、知の伝達という作業でお金を取ることはいけないと思いますが、金を取らなければ印刷もできないし、紙を購入することもできず、出版社は本を出せなくなります。それだからシステムを回すために、いくばくかの金に見合う商品として売っているわけです。

資本主義はイギリスから生まれました。イギリスの気候が寒冷化して、小麦や野菜より、毛織のセーターをつくったほうが儲かるようになったことがきっかけです。そこで、農民のように土地に縛り付けられているわけでもなく、かつ自活のための道具や材料を持たない人たちを工場に集中させ、生産を行わせたのです。資本家は彼らの労働力を商品として購入することで、生産過程を商品化しました。こういうふうに労働力が商品化されたことにより、もらった賃金で自分の欲望を満たす商品を買うというシステムができ、それが発展していまに至っているのです。

マルクス経済学と近代経済学の違いは、提唱者が経済学に何が可能かと考えていることにあります。マルクスは資本主義時代だけを分析できると考えており、近代経済学はあらゆる時代を分析できると考えています。私はマルクス経済学の立場にあります。というのも、人間活動のほとんどを経済が占めているような状況は資本主義時代だけだからです。それ以外の時代について、商品経済をもって説明することは難しい。

整理しますと、資本主義は、労働力の商品化が成り立たないと成立しないし、近代以降のきわめて限定された時代の現象だということです。

高橋　本質をわかりやすく説明いただき、ありがとうございました。

「労働力の商品化」とおっしゃいましたが、いまは人間そのものが商品化されているような時代ですね。私たちは誰かを評価するときに、収入がどれくらいあるかということを基準のひとつにしてしまうぐらいに資本主義の精神は徹底していて、社会の土台が経済生活にあることを当然のように思っています。

シュタイナーの言葉に「経済は物質生活の基盤をつくってくれる。しかし、人間の本性は経済的な営みを超えている」というものがあります。私たちは、自分に対しても他の人に対しても、社会的にどれぐらい有能かという測り方をしてしまいます。結婚する相手を選ぶ際にも、経歴や肩書きから将来どれぐらい可能性がある人なのかを測ってしまったり。

本来、誰かを愛するということは、そういう経歴や肩書きを超えているはずですから、経済生活よりも大事なものがあることはみんなわかっているのに、つい経済力中心に人を測ってしまうのです。その原因は資本主義にある男性原理なのではないかと、私は最近考えています。「国家」の章でふれましたが、社会には男性的なものと女性的なものの両方があり、資本主義の根っこにも男性的な競争の原理があります。どうすれば得になるかで人間関係を見てしまう感覚、利害打算を原則にし、勝ち組・負け組ができるのは仕方がないというような発想を、あえて男性原理と呼びたいと思っています。

佐藤　対になる概念は女性原理ですね。こういったところが、高橋さんならではの表現だと思います。人智学というのは天才の学で論理展開に飛躍があるため、その飛躍を解釈する技法が必要となります。私なりに解釈させていただきますと、高橋さんがおっしゃる男性原理・女性原理と資本主義は一見つながらないようでいて、実は根っこのところでつながっていると思います。

われわれは、資本主義化してすべてが商品化した商品経済から、当面抜け出すことができません。商品経済には、価値と使用価値があり、このバランスがどのようにとれているかが重要です。

たとえば、水のペットボトルが1本110円で売られているとしましょう。この場合、110円というのが価値で、ちゃんとキャップを開けて飲むことができることが使用価値になります。仮にキャップが開けられない、あるいは水が漏れるようならば商品としての価値はありません。けれど、マルクスが「他人のための使用価値」と言っているように、商品を売る人にとって使用価値は重要ではないので、価値だけを追求するようになると、バレなければどんなものを売ってもかまわないというようなことも起きてしまいます。食品偽装事件がたびたび起きるのも、こういう形で資本が回っていることの表れでしょう。これは、高橋さんがいう、資本主義の男性原理だと思います。

しかし、資本には別の回り方もあります。たとえば、「国家」の章で申し上げたフードバンク。企業や個人から寄付された食品を、食べるものに困っている人たちのいる施設や家庭に届けてくれるのです。送料は、送り手側が負担します。企業は、割れてしまったおせんべいや、パッケージにシールが曲がって貼られてしまった食品といった品質に問題がないけれど商品として流通できないものを送るのです。私も個人的に協力していますが、食料を送ると必ずフードバンクから「有効に使わせてもらいます」というお礼の電話をいただきます。スタッフは無償のボランティアが多いし、施設に行く交通費も自己負担になるので、経済効率といった点からは測れない行動をしています。同じ廃棄食品でも、廃棄カツの転売のように商品化してしまう方向もあれば、商品経済からはじき出されてしまうところを補塡する方向もあります。その大もとにあるのは広い意味での「人間の経済学」で、高橋さんのいう女性原理という話にも関わってくると思います。

高橋　フードバンクの運動、佐藤さんはそれを実際にやっていらっしゃるのですね。自分のためと人のため、どんな人間にもこの両方がなければ、人間としておかしいですよね。そのバランスをどうとるかが問題です。私は、社会への適応力を男性原理、関係性を重視する力を女性原理という整理をしています。

私の考える、資本主義経済における究極の女性原理はベーシック・インカムです。無条件ですべての人に一定の生活費を給付するという制度です。ベーシック・インカム導入にあたっては、生活保護バッシングと同じように、パチンコや好きなことに使ってしまうのではないかという批判が必ず出てくるでしょう。そういう意見は、社会のために役に立つ仕事ができなければ報酬を受けられないという、経済生活における勝ち組、負け組の違いしか理解できない、男性原理的な見方から出ているような感じがします。

お金がすべて？

高橋　特に資本主義の男性原理的な考え方がよくあらわれているのが、ドイツの社会学者、経済学者であったマックス・ヴェーバーの『プロテスタンティズムの倫理と資本主義の精神』です。キリスト教と資本主義の話をすると必ず出てくる本ですよね。

キリスト教と資本主義の関係は、根本的なことを言えば、「マタイ福音書」にある「神と富」の話です。

「だれも、二人の主人に仕えることはできない。一方を憎んで他方を愛するか、一方に親しんで他方を軽んじるか、どちらかである。あなたがたは、神と富とに仕えることはできない。」

（マタイ福音書6章24節）

「富」と訳されている語は、イエスが使ったと言われているアラム語では「マモン」です。一種のお金の神様で、人間をコントロールするお金は全能で永遠の神のようなふりをしているが、神の反対だということを、イエスは言っています。ですから、基本的にキリスト教は、利害関係と関わらないところに本来の宗教のありようを考えているはずです。それを、ヴェーバーは、神かマモンかという二者択一ではなくて、ひたすら経済原理に従って仕事を進めていくこと自体が神に仕えることに通じる、それがプロテスタンティズムの精神だと考えました。

ところが結果として、神に仕えるはずのプロテスタンティズムの倫理がいつの間にかマモンに仕えることにつながり、先ほど佐藤さんが言われているように、現代では、労働という人間の尊い営みですら、「労働力」という商品になってしまいました。そうしますと、意識的、無意識的にお金さえあれば何でもできるという感覚がしみこんできてしまいます。

20年ぐらい前になると思いますが、「朝まで生テレビ!」が始まったころに、まえの東京都知事、当時この番組の常連だった論客……誰でしたっけ。

佐藤　舛添（要一）さん?

高橋　そうそう。舛添さんが「お金がすべてですよ。ね?」とおっしゃったんです。そこにいた誰も反論しませんでした。私自身も衣食住のすべてをお金に頼らざるをえない社会に生きていることをあらためて思い知り、私たちにとっての絶対者がマモンであり、私たちがマモンに絶対服従して生きていることを実感しました。ホリエモン（堀江貴文）さんが、同じことを言われるずっと前のことです。マモンこそが資本主義の男性原理の大もとだと思いました。

人は生まれて何十年か経てば、かならず死を迎えます。いわば生成と消滅のなかで生きるように運命づけられているのですが、それにもかかわらず、一見したところ、お金だけは永遠に生き続けます。生成と消滅を超越しているのは、神様とお金だけのように思えるのです。お金は永遠に価値を保ち続けるものなのか、それともお金も人間と同じように特定の寿命を持って、いつかは価値がゼロになるのか、その違いによって、資本主義のありようも変わってくるのではないでしょうか。

シュタイナーはお金に寿命があるという立場です。シュタイナーと同時代の経済学者であるシルヴィオ・ゲゼルも同じ立場にあります。経済学者ケインズは『雇用、利子および貨幣の一般理論』（岩波文庫）のなかで、わざわざゲゼルに1章をあてています。それを見ますと、ゲゼルは1週間で0・1パーセント価値が下がるという貨幣を考えています。これはお金を蓄えて、金利に金利を生ませるという形とは正反対です。聖書でいうマモンという魔神が人間を支配することにならないために、つまり資本主義に支配されないために、マモンにも寿命を与えて、人間の支配下に置くのです。貨幣価値に寿命を与える新しい貨幣経済の必要、簡単に言えば、ゲゼルはこういったことを考えています。

佐藤　ヴェーバーのプロテスタンティズムの問題と、ゲゼルの貨幣経済の問題、ふたつの問題提起をしていただいたので、個別に考えてみたいと思います。

まず、ゲゼルの考える貨幣経済ですが、基本的にはケインズの貨幣論、別の言い方をすればインフレターゲット論に通じますね。1週間に0・1パーセントずつ物価が上がる政策を取るならば、20年後に貨幣はほぼ無価値になりますから。インフレ政策を恒常的に続けていけば貨幣階層差や貨幣蓄積差はなくなるので、お金はすべて使ったほうがよいというような考え方です。

しかし新しい貨幣がどんどん蓄積することになるので、貨幣のない社会が生まれてくるという構成にはならないのではないでしょうか。貨幣を蓄えておくという静的な貨幣観から、減りゆくなかで貨幣の価値を増殖させるために積極的に動くという動的な貨幣観に、よりなっていくのではないか。資本主義を脱構築していくことができると見るか、守銭奴型の貨幣観からより資本主義にマッチした投資型の貨幣観に転換していくと見るかは、立場が分かれるところだと思います。どちらに転がるかは、無責任な言い方のようですが、やってみなければわかりません。宇野弘蔵は「管理できない管理通貨制」と言ったのですが、貨幣とは人間が管理することができない一種の複雑系だということです。

次に、ヴェーバーのプロテスタンティズムだと、なぜマモンに仕えることが可能になってしまうのかという問題です。そもそもの大前提として、ヴェーバーはキリスト教のことをよく知りません。彼はエルンスト・トレルチ[*2]という神学者と同じアパートに住んでいて、トレルチの原稿を見せてもらったり、お茶を飲みながら話したりしたなかでの耳学問が大きいのです。キリスト教に関する知識はかなりいい加減です。

高橋　そうなんですか！

佐藤　ええ。ヴェーバーよりもトレルチを読んだほうが、キリスト教の経済観について正確な知識が身につきます。

神学的な整理をしましょう。まず、イエスがどのようにお金を考えていたかについてです。

聖書には「金持ちの青年」という話があります。ある金持ちの青年がイエスのところに来て「永遠の命を得るには、どんな善いことをすればよいのでしょうか」という質問をします。青年は、殺すな、姦淫するな、盗むな、といった掟はすべて守ってきたと言います。そこでイエスがこう言います。「行って持ち物を売り払い、貧しい人々に施しなさい。そうすれば、天に富を積むことになる。それから、わたしに従いなさい」。それを聞いて、金持ちの青年は哀しそうな顔をして去って行きます。それを見てイエスは「金持ちが神の国に入るよりも、らくだが針の穴を通るほうがまだ易しい」と言います。この話からわかるように、イエスは金が嫌いなのです。

しかし金を徹底的に無視しているかというと、必ずしもそうではありません。聖書には「ぶどう園の労働者」というたとえ話もあります。少し長くなりますが、イエスの考えがよくわかるたとえ話なので、全文引用します。

天の国は次のようにたとえられる。ある家の主人が、ぶどう園で働く労働者を雇うために、夜明けに出かけて行った。主人は、一日につき一デナリオンの約束で、労働者をぶどう園に送った。また、九時ごろ行ってみると、何もしないで広場に立ってる人々がいたので、『あなたたちもぶどう園に行きなさい。ふさわしい賃金を払ってやろう』と言った。それで、その人たちは出かけて行った。主人は、十二時ごろと三時ごろにまた出て行き、同じようにした。五時ごろにも行ってみると、ほかの人々が立っていたので、『なぜ、何もしないで一日中ここに立っているのか』と尋ねると、彼らは、『だれも雇ってくれないのです』と言った。主人は彼らに、『あなたたちもぶどう園に行きなさい』と言った。夕方になって、ぶどう園の主人は監督に、『労働者たちを呼んで、最後に来た者から始めて、最初に来た者まで順に賃金を払ってやりなさい』と言った。そこで、五時ごろに雇われた人たちが来て、一デナリオンずつ受け取った。最初に雇われた人たちが来て、もっと多くもらえるだろうと思っていた。しかし、彼らも一デナリオンずつであった。それで、受け取ると、主人に不平を言った。『最後に来たこの連中は、一時間しか働きませんでした。まる一日、暑いなかを辛抱して働いたわたしたちと、この連中とを同じ扱いにするとは。』主人はその一人に答えた。『友よ、あなたに不当なことはしてない。あなたはわたしと一デナリオンの約束をしたではないか。自分の分を受け取って帰りなさい。わたしはこの最後の者にも、あなたと同じように支払ってやりたいのだ。自分のものを自分のしたいようにしては、いけないか。それとも、わたしの気前のよさをねたむのか。』このように、後にいる者が先になり、先にいる者が後になる。

いまは、最初に雇われた人たちと同じような文句を言う人がほとんどではないでしょうか。イエスが、われわれが考えている経済合理性とは違う理屈で動いていることが、このたとえ話からはわかります。

高橋　収入と労働力はマッチしなくてもいいという立場ですね。ベーシック・インカムにも通じます。

プロテスタンティズムと資本主義は関係ない

佐藤　次に、カトリックとプロテスタントの違いです。それぞれの三原則を挙げます。

カトリック三原則
一、聖書と伝統
二、恩恵と自然
三、信仰と行為

プロテスタント三原則
一、聖書のみ

二、恩恵のみ
三、信仰のみ

カトリック神学の特徴は「と」が入るところにあり、プロテスタント神学の特徴は「と」が入らないところにあります。

まず、一番目。カトリック教会は信者が勝手に聖書を読むことを薦めません。教会の伝統のなかで聖書は成立し、また読まれてきたものであるから、神父に正しい指導をしてもらいながら読むべきだということです。この伝統は、「教会法」という、目に見える形にまとめられています。対してプロテスタントは、伝統は人間によってつくられたものであり、その根拠を神に求めることはできず、聖書のみを信ずるという立場です。

二番目。「恩寵と自然」ともいいますが、カトリック神学は、神がつくったこの世界には神様の秩序があるという、「創造の秩序の神学」の立場にあります。堕胎に反対するのは、セックスをして妊娠するのは自然の現象であるという立場によるものです。臓器移植に対しても批判的です。原発も、神様がつくった秩序を壊すものだからいけないという立場です。プロテスタント神学は、自然も、人間と同じ被造物であって神様の意志を読み込むことはできないという立場です。神様の意志は、神様からの恩恵として与えられる啓示にしかあらわれません。これまでの最大の啓示が、イエス・キリストです。

三番目。これが資本主義に関わります。カトリックでは、商売のことばかりに関心があると、信仰がともなっていないと指弾されます。プロテスタントは「信仰のみ」なので、極端なことを言うと、行為はどんなものでもいい。救済に関係するのは信仰だけなので、金をいくら稼いでもとやかく言われる必要はないというふうになるのです。これが、世俗内禁欲と蓄積につながっていきます。金を儲けて貯めこんでおくのは、決して享楽的に使うためではなくて、事業を興《おこ》して雇用・生産を拡大して、より成果を社会に還元するためである――ヴェーバーはこういうメカニズムでとらえたのです。

プロテスタント神学が「と」をいやがるのは、「信仰即行為」「行為即信仰」ととらえるからです。信仰がある人は、信仰が行為のすべてにわたるので、分離可能であるかのような「と」を入れずに「聖書のみ」「恩恵のみ」「信仰のみ」という三原則を構築したのです。

しかし、その原則が早い時期にズレてしまったので、「信仰のみ」を強調するプロテスタントから、お金を蓄積するというような考え方が出てきてしまいました。スペインやポルトガルは植民地化で大儲けしましたが、資本主義が生まれなかったのは、教会に寄進したからです。世俗内での禁欲や蓄積が行われなかったので、資本主義は生まれなかったけれど、かわりに立派な教会が残っているわけです。

高橋　カトリックとプロテスタントの三原則、とても大切な教えです。「と」が入ると何かひとつに集中できなくなります。私も何かに夢中になっているとき、「と」を入れられると、しらけてしまいます。Aだけでなく、A「と」Bになると、AがBによって相対化されますから。Aだけでないと、夢中になれません。

最近、シュタイナーのニーチェ論を訳した本を出したのですが、題は『ニーチェ　みずからの時代と闘う者』（岩波文庫）です。というのは、ニーチェが『歴史の功罪』のなかで、何か本を読むときは「〜とその時代」という決まり文句の題ではなく、「時代に抗して闘う人」という題のある本を読め、と書いているからです。だからシュタイナーも「ニーチェとその時代」ではないタイトルにしたのだと思います。以前、私も『若きシュタイナーとその時代』という本を無反省に出したことがありました。

プロテスタンティズムが、ふたつのものを「と」で並列に扱うことをしないのは、問題を自分のこととして引き受ける覚悟を示したのでしょうか。

佐藤　そうですね。高橋さんがご専門のドイツ・ロマン派のように、自分の命と世界の問題を一体としてとらえる立場と通じるところがあるかもしれません。ドイツ・ロマン派は、自分の生き方抜きに世界を解釈することはできないと考えますし、自分の生き方によって思想も変容してきますから。

こういう感覚は、ヴェーバーには希薄ですね。彼は社会の現象と道徳を切り離し、論理として説明することができるようにするという立場です。だからもしヴェーバーに「世俗内的な禁欲によって、プロテスタントは救済を得られると信じていますか？」と聞いたとしても、「現象としてはそういうふうに見えます」という答えしか返ってこないと思います。

高橋　なるほど。現象に留まっていられるんですね。ヴェーバーは根源形式で語るべき題材でも、映像形式としてしか対象化しないので、「現象として」という言い方をするでしょうね。

私がドイツ・ロマン派に夢中になったのは、ヘルマン・ヘッセの小説『デミアン』にあったノヴァーリスの「融合」という言葉に惹かれたのがきっかけです。AとBではなく、AだからB、BだからAという立場です。ノヴァーリスには、「運命と心情は、同じ意味をもつふたつの異なる言葉だ」というアフォリズムもあります。実は大学時代に「ヴェーバーを専門にしてくれたら、経済学部に（職を）推薦してあげる」とヴェーバー研究者になることを薦められたことがありました（笑）。まだシュタイナーを知らずに、ドイツ・ロマン派の勉強をしていたころでしたが、ヴェーバーを読んでも、あまり融合の思想がなく、夢中になれなかったものですから。いまのお話を聞いて納得しました。

佐藤　加えて、ヴェーバーには、話者の誠実性の問題があります。つまり、本当に心底から自分が書いていることに納得しているかどうかわからない。おまけにキリスト教の知識もあやしいものです。資本主義が生まれたイギリスの宗教事情ですが、イングランド国教会はヘンリー8世の離婚問題を契機にカトリックから分離しただけで、プロテスタント的な考えはあまり強くないのです。ヴェーバーは、資本主義にカルヴァン派の発想を後知恵でつけているだけなので、神学的な考証に堪えうる言説ではありません。

日本人はキリスト教の知識があまりないので、神学的な思想を乱暴に単純化したヴェーバーの本を読んで、勤勉・禁欲につとめればいいと思ってしまうのですが、キリスト教的な文化圏においては、救済が目的です。その救済のために、すべてが手段になってきます。

現象をとらえる宗教学的手法と内在論理をつかむ神学的手法

高橋　ヴェーバーは労働と社会価値を結びつけ、働くことを尊いこととしてしまうところが男性原理的ですし、違和感があります。ヴェーバーの考えでは、家事労働に従事している女性も社会的弱者もはじかれてしまいます。家事労働は労働力とは認められませんから。

先ほど、キリスト教の女性原理の話をしましたが、それが象徴的にあらわれているのが「聖杯《グラール》」であると、最近リーアン・アイスラーの『聖杯と剣――われらの歴史、われらの未来』（法政大学出版局）という本を読んで教えられました。アイスラー女史はウィーンに生まれ、ナチスの迫害を逃れてキューバに亡命し、のちにアメリカに移住したという社会学者ですが、社会運動家としての面も知られています。

聖杯というと、ワーグナーのオペラ「パルジファル」を思い出しますが、自分が器になって何かを受け入れる感覚とでもいいますか、包み込んで相手と自分がひとつになり、それによって自分も相手も変容する感覚の問題です。佐藤さんの本を読んでいると、聖杯的なもの、自分のなかに心情で受け入れたものと運命的に関わろうとする姿勢をよく感じます。

たとえば私がマルクス主義に対しては否定的な立場にいるとします。でも、仮に『反デューリング論』（エンゲルス）のようなマルクス主義の本をいったん読み始めたら、一度は100パーセント、エンゲルスの立場になって、著者の思いと心をひとつにしようとします。読み終わったらまたもとの自分に戻る。この感覚は佐藤さんと共通するのではないかと思うのですが。

佐藤　ご指摘のとおりです。内在的な論理をつかむために、対象と徹底的に付き合うというのは、神学的な方法であり、私の書くものにも表れていると思います。それですから、以前、朝日新書から出した『創価学会と平和主義』という本の執筆中は、戸田城聖《じょうせい》全集、池田大作全集を徹底的に読み込みました。

しかし、このやり方は理解されないことも多い。『創価学会と平和主義』は、宗教学者の島田裕巳さんから「創価学会が出している文献を論拠にするのではなく、客観的な形で書かなければいけない」と猛烈に批判されてしまいました。

高橋　ヴェーバーと同じで、現象としてとらえるタイプの人にはわからない感覚なのでしょう。宗教学の人たちは、個人の主体性の問題としてとらえるのではなく、外から、合理主義の立場から客観的、論理的に宗教という現象を説明しようと試みますから。

佐藤　そのとおりだと思います。島田さんは一時期、創価学会の僧侶なしの友人葬であるとかを評価していたのですが、近代主義と合致した、世俗化された宗教形態であったから評価したのだと思います、その方法では、創価学会の救済観はわかりません。よい悪いを判断するのではなく、その宗教の枠組みでは、こういう救済の論理になっているという、救済観をつかまねばなりません。宗教は音楽と一緒で、耳がよくないと音が聞き分けられないように、新宗教や既存の宗教のどこに琴線に触れるものがあるのかがわからないと、救済観はつかめません。

島田さんの創価学会本を何冊か読んでみたのですが、創価学会を離脱した人の手記や匿名の創価学会幹部といった挙証できないデータを使って書かれていて、それこそ「俺の言うことを信じられないのか」というような嫌な感じがしました。

日本文化とキリスト教の女性原理

高橋　もう少し聖杯について、話したいと思います。私が聖杯と女性原理を結びつけて考えるようになったのは、先ほど名前を出したアイスラーの『聖杯と剣』を読んだことがきっかけです。アイスラーは文化を「聖杯」と「剣」に分けて説明し、日本文化は女性原理の上に成り立っていると述べています。佐藤さんは『日本国家の神髄』で「結び」の精神が日本に深く根付いていると書いていましたが、その「結び」はアイスラーの「聖杯」と同義であるように思います。

日本文化の女性原理については、イエズス会の宣教師だったルイス・フロイスも『ヨーロッパ文化と日本文化』（岩波文庫）のなかで、はっきりとこう述べています。

ヨーロッパでは未婚の女性の最高の栄誉と貴さは、貞操であり、またその純潔が犯されない貞潔さである。日本の女性は処女の純潔を少しも重んじない。それを欠いても名誉も失わなければ、結婚もできる。

ヨーロッパでは妻を離別することは罪悪である上に最大の不名誉である。日本では意のままに何人でも離別する。妻はそのことによって名誉も失われないしまた結婚もできる。

ヨーロッパでは夫が妻を離別するのが普通であり、日本ではしばしば妻が夫を離別する。

ヨーロッパでは娘や処女を閉じ込めておくことはきわめて大事なことで、厳格におこなわれる。日本では娘たちは両親に断りもしないで一日でも幾日でも、ひとりで好きな所へ出かける。

ヨーロッパでは妻は夫の許可が無くては、家から外へ出ない。日本の女性は夫に知らせず、好きな所に行く自由をもっている。

われわれの間では、普通修道女はその修道院から外へ出ない。日本の比丘尼《びくに》biquinis はいつでも遊びに出かけ、時々陣立 jindachi に行く。

このように、日本の女性のほうが自由であると論じています。ヨーロッパの女性は男性に抑圧された存在でした。ヨーロッパで男性原理、「剣」の論理が強かったのには、キリスト教が大きな役割を果たしていたのではないでしょうか。

佐藤　重要なご指摘です。これまでのキリスト教の世界観が、極度に男性的な社会をつくり出してしまっていることは否定できません。現代のキリスト教は、それをどう脱構築していけばよいかという課題を抱えています。

高橋　キリスト教の男性原理は、パウロ[*3]のコリント人への書簡にもよくあらわれています。

佐藤　キリスト教は、パウロがつくった宗教ですから、根本に男性原理があります。イエスは、男性であっても女性であっても「隣人を自分のように愛しなさい」という立場でブレがないのですが。

以前、中村うさぎさんと対談したときに、パウロ以降、キリスト教で女性に光が当てられなかったからマリア信仰が生まれたのではないかと指摘され、ハッとさせられました。

高橋　キリスト教には女性原理も間違いなくありますね。中村うさぎさんとの二冊の対談（『聖書を語る』『聖書を読む』文春文庫）、両方ともとても勉強になりました。中村さんの宗教感覚にも教えられています。

フランシスコ会の神父である本田哲郎さんが書かれた『釜ヶ崎と福音』（岩波現代文庫）も、とても感動しました。本田さんは釜ヶ崎で活動をしていたのですが、ホームレスの人にやさしく受け止められたことで、自分が無意識に上から目線になっていたということを自覚します。神父である自分よりも、ホームレスである相手のほうがキリストに近いと実感されて、そのことを徹底して考えるうちに、イエス・キリストの立場から見れば、仏教徒でもキリスト教徒でも、サラリーマンでもホームレスでもまったく同じであって、わざわざ洗礼を受ける意味はないとさえ、述べておられます。本田さんのこの考えからも、キリスト教の女性原理を強く感じました。

佐藤　高橋さんが、女性原理・男性原理という形で、聖杯を現実世界におけるシンボルとしてとらえることを提言してくださいましたが、20世紀を代表するプロテスタント神学者カール・バルト[*4]は、その晩年において、サクラメント[*5]（秘跡、聖礼典）から洗礼をのぞいて、聖餐《せいさん》だけだと論じました。

キリスト教信仰の核は受肉《じゅにく》であり、信者は聖餐という形で参与します。キリスト教はまことの神でありまことの人間であるイエス・キリストが救い主であると信じる宗教ですが、ポイントは神が肉を取り人間イエスになったことで、これを神学用語で受肉といいます。ここからは神が人間イエスになったように、どんなに立派な理念であったとしても、現実にならなければ意味がないという理念が生まれます。私が敬愛する神学者フロマートカの「フィールドはこの世界だ」という言葉にも、それがよくあらわれています。

聖餐は、イエス・キリストの最後の晩餐に由来し、パンをイエスの身体、ワインを血として、みなで分けることで、このワインを入れるのが聖杯です。カトリック教会では長い間ワインを信徒に飲ませませんでした。神父は男ですから、男しか聖杯に触れることができなかったのです。

ヨーロッパには「聖杯伝説」がありますから、「聖杯」にはいま欠けているものを取り戻さなければいけないという含意があります。「聖杯と剣」は対概念ですが、「剣」だけが肥大して「聖杯」が抑えられてしまっている現状をどうするか。いまこそ「聖杯をわれらの手に」取り戻さなければいけません。

生活のなかに植え付けられた資本主義

高橋　資本主義にも当然「聖杯」の側面がありますよね。シュタイナーは『社会問題の核心』という本で、資本主義における分業を、有機体のなかでとらえ直すことを提唱し、次のように述べています。

　近代の分業制による労働時間の短縮、商品の高い完成度、商品の容易な交換などの効用について、これまでいろいろなことが語られてきたが、個人の生き方とその労働成果との関係に分業がどのような影響を及ぼしたかについては、あまり考えられてはいない。つまり、労働の分業が行われている社会有機体のなかで働く人は、本来、自分の収益を自分で可能にするのではなく、その社会有機体の成員すべての労働によってそれを可能にしているのである。或る服屋が自分で使用する上着を自分で作るときの作業は、原始社会で必要なものをすべて自分で調達しなければならないときの作業とはまったく異なる。その服屋は他の人びとのためにも衣服を作ることのできる人間として、自分の上着をも作る。そして自分のために作ったこの上着の価値は、まったく他の人びとの働きに依存している。（中略）

人びとはただ、他の人びとのために働き、そして他の人びとを自分のために働かせる。独りで働くこともできないし、独りで暮すこともできない。

つまり、自分の労働の成果はすべて人に役立つためにあり、自分のために役立つものはすべて他の人の労働の成果だというような生き方です。これを突き詰めると、すべての人間は、分業のもと、ひとつにつながっている有機体のなかにあり、生まれながらにして一人ひとり尊く価値があるという考え方になります。このことをシュタイナーは「社会の主要原則」としています。生存権を規定している日本国憲法第25条「すべて国民は、健康で文化的な最低限度の生活を営む権利を有する」に、この精神があらわれていると思います。

第25条は「国は、すべての生活部面について、社会福祉、社会保障及び公衆衛生の向上及び増進に努めなければならない」と続きますが、この世に生まれてきたどの人の一生をも経済的に支えるのが国の義務であると思いますし、その具体的な手段として考えられるのが、ベーシック・インカムです。そんなものを導入したら働かなくなって、パチンコばかりして遊んでしまうのではないかという論理は、剣の論理です。力で押さえつけないと人間は言うことを聞かないという論理は、権力の論理ですから、現在の資本主義のこの論理からいえば、ベーシック・インカムなど、あってはならないことになります。

ドイツでは、一切の所得税を廃して、かわりに約50パーセントの消費税を設け、それをベーシック・インカムの財源にしようという議論が行われています。これはシュタイナーの社会思想に由来する発想ですが、ドイツのドラッグチェーンの経営者であるゲッツ・ヴェルナーがそういう人智学的な立場からも本（『ベーシック・インカム——基本所得のある社会へ』『すべての人にベーシック・インカムを——基本的人権としての所得保障について』現代書館）を出しています。

ベーシック・インカムについて私が一番感銘を受けた本は、オランダ人ジャーナリスト、ルトガー・ブレグマンが著した『隷属なき道』（文藝春秋）です。これを読むとベーシック・インカムの具体例がいろいろ紹介されているので勇気づけられますが、日本ではベーシック・インカムという、最も反官僚的なシステムを現実の問題としてとらえることはまだほとんど不可能です。どうお考えでしょうか。

佐藤　私は、ベーシック・インカムは、すぐには実現しないという立場にあります。

少し前にフィンランドで、失業者の一部に試験的にベーシック・インカムを導入することが報じられましたが（2017年1月）、ヨーロッパでは、ベーシック・インカムではなく、軽減税率を採用している国のほうがまだ圧倒的に多い状況です。論理的には、ベーシック・インカムにすれば最低限の生活は保障されるはずですが、いまの商品経済のなかでは、貨幣によって人間の欲望を叶えるということが無意識レベルでしみついてしまっているように思います。社会的弱者の人が、お金をもらったらすぐに使ってしまったり、計画性がない消費行動をとったりするということはよく指摘されますが、それは個人の資質ではなく、資本主義の社会構造のなかで植え付けられてしまった生活習慣なのです。これはベーシック・インカムになっても、変わらないのではないでしょうか。

ベーシック・インカムの考え方は、もちろん正しいと思います。しかし、商品経済という剣の論理で覆われているなかに、聖杯の論理を部分的に持ち込んでも、またそこに剣が入り込んできてしまいます。

高橋　先ほどの『隷属なき道』は、いまご指摘になった点を集中して論じていますが、おっしゃるとおり、私たちの生活感覚は簡単には変えられません。人間の無意識のなかに貨幣経済の論理がしみこみ、行動様式までお金に支配されていますから。第一、無条件の給付になると、行政の介入する余地がなくなり、多くの役人が職を失ってしまいます。

佐藤　サンディカリズム*6に則った協同組合のあり方は、聖杯の論理に合致しているかもしれません。ただ、生活協同組合をつくったとしても、スーパーとの価格差が広がりすぎると商業的に生き残れなくなってしまうので、巨大生協はスーパーと似たようなものになってしまっていますよね。共同体でやっていても、国家や資本が周囲にある以上、競争関係に入ってしまう。

高橋　そういう資本主義体制のなかでのフィンランドの試みなのですね。

剣の論理が経済生活のいたるところを支配しています。限られた一回限りの一生ですから、本来は自分の意志で生きたいように生きるのが基本ですけれど、いまの日本で、自分の納得する職業・職場で働いている人はどれくらいいるでしょうか。私たちの社会生活そのものが受動的に適応する態度を強いられているのですが、その受動的なありようの最たるものが労働条件に現れていると思うのです。

これもシュタイナーがすでに言っていたことですが、科学技術がこれだけ進化した時代ですと、機械が人間の労働に取って代わることがいくらでも生じます。たとえば毎日10時間働いて生活費を得ていたのが、科学技術の発達のおかげで、4時間働けば同じ量の労働がこなせるというような場合が多くなったと思うのです。聖杯の論理でいえば、もうこれからは4時間働くだけで、以前に得ていたのと同じ給料がもらえることになるはずですが、剣の論理でいくと、機械も人間も同じように10時間働かせて、機械が働いたぶんは会社の利益にする、または機械にだけ働かせて人間を辞めさせるという形になってしまう。

佐藤　聖杯の論理を経済に入れていくためには、いまの人間のものの考え方の全般的な転換が必要になるでしょう。

実はソ連時代に、社会主義の理想がひとつだけ成功したことがあります。労働時間の短縮です。朝9時に家を出て、職住接近なので9時半ぐらいには職場に着いて、お茶を飲んでから仕事を始めます。13時から15時までは昼休みで、16時にはみんな帰ってしまう。実質的な労働時間は3～4時間ぐらいです。ソ連は産油国だったので、入ってきたオイルマネーを国民に分配することで、そういう社会が実現できたわけです。もし共産主義の方向で聖杯の論理を実現しようとすると、ソ連型共産主義が出てきてしまいます。これはまた別の問題が生じてしまいます。

労働力の商品化

高橋　つまり、ソ連型ではその聖杯の論理をコントロールするのが、支配者、権力者の剣の論理なのですね。

　お話を伺ってきて、聖杯の論理を取り戻すためには、そもそも働くこと、労働とは何なのかを問い直す必要があるように思いました。佐藤さんの『資本主義の極意』（NHK出版新書）には「資本主義社会はそれ以前の時代とは何が違うのか。労働力の商品化だ」とありますが、この点について、もうすこし伺えますでしょうか。

佐藤　まず注意しなければいけないのは「労働の商品化」ではないということです。労働と労働力は違い、「労働の商品化」は奴隷制です。日本で翻訳されているマルクスの本で、『賃労働と資本』と『賃金、価格および利潤』という本があるのですが、『賃労働と資本』は買わないほうがいいです（笑）。なぜなら、「労働の商品化」となっているから。マルクス自身も、長いこと労働が商品になると思っていたのだけれども、あるときに間違いだと気づいて、「労働力の商品化」という考え方になったのです。

　まず、人間には能力として労働力があります。これも、商品と同様に、価値と使用価値があります。価値とは賃金が払われることで、使用価値とは労働のことです。いまコンビニでアルバイトするのが時給1000円だとします。他にもアルバイトには、カフェで接客をするとか、自動車の部品を包装するとかありますが、労働はそういうふうに形態を変えることができるわけです。けれど、働いている時間の範囲では、雇い主の言うことを聞かないといけない。コンビニで働きながら棚にあるエロ雑誌を読んだりを毎日やっていたら、クビになる。その時間の労働力を使う権利を、コンビニの店長が持っているからです。

マルクスは、労働力の値段は、三つの要素から決まると考えます。

ひとつ目は、家を借りること。マルクスは、労働者は持ち家を持っていないと考えています。いまのわれわれはマンションを買ったりしますが、ローンを完全に払い終えたころには減価償却《げんかしょうきゃく》されてそんなに価値はなく、一生借りているのとあんまり変わらないかもしれません。家を借りて食料を買って服を買って、ちょっとしたレジャーにお金をかけて、働くためのエネルギーをつくり出していく。これらは、すべて賃金に反映されているわけです。

ふたつ目は、結婚して——この場合の結婚は必ずしも籍を入れることではありません——子どもをつくること。そして次の労働者になるところまで教育を施すことです。独身者は賃金からデート代を出すことを考えなければいけないし、親は子どもの教育にかかる金を考えなければいけない。これができなければ労働者階級の再生産ができず、システムとしての資本主義が回りません。

三つ目は技術革新に合わせて、資格を取ること。たとえば営業職は運転免許が必須のことが多い。免許をとるために自動車教習所に通うといったお金も、最終的には賃金に含まれているわけです。

こういう三つの要素によって賃金が成り立つというのが、マルクス経済学の考え方にあります。ただし、資本主義がうまく回っているときには、企業や資本家はできるだけ賃金を安く抑えたいから、ふたつ目、三つ目を切り捨てて、ひとつ目もぎりぎりまで抑えていこうとします。そうすると、まず仕事上で事故が起きます。そして労働力の再生産が行われないほど子どもが産まれなくなるか、あるいは労働者が自己教育を行えず複雑な労働ができなくなり生産が落ちるようになります。

マルクス経済学とそれ以外の主流派経済学の違いは、分配にあります。マルクス経済学は、労働者には分配は関係ないと考えます。生産の部分で給与が決まり、その主体は会社なので、内部留保にしようが役員たちが飲み食いで使おうが、労働者に対価さえ払っていればいいというモデルで見るわけです。一方、近代経済学は、分配を、能力に対する支払いと考えます。会社が儲かっているならば、労働者の能力が高いからということで、内部留保を減らして少しよこせ、というモデルになります。

だから基本的には、労働力の商品化という考え方はマルクス経済学からしか出てきません。

高橋　シュタイナーは、生きていること自体が労働だという立場ですが、もし労働力のすべてを商品化して考えるのだったら、商品にならない労働力は存在しないことになるのでしょうか。家事や育児、介護といった家庭内での労働は給料をもらえないものですが、これらは労働力にはならないのでしょうか。

佐藤　その場合は労働です。たとえばお母さんが家族のために餃子をつくるといったら、労働です。しかし王将フードサービスに勤めて時給1000円で餃子をつくるという行為は、労働力になります。介護に関しても、介護保険でヘルパーさんがやっているのだったら労働力ですし、子どもがやっているのだったら労働です。労働という大きな集合のなかに、部分集合として労働力がある、とお考えいただくといいと思います。

労働と労働力の区別の仕方は、社会構造と関連していて、時代と共に変遷しています。

一昔前までは、家事労働の商品化はなじまないという考えだったので、結果として女性へ押し付けるという形であらわれ、問題視もされていませんでした。いま、家事労働が問題になっているということは、社会構造が変わったということを示しています。しかしシュタイナーが言うことが正しいのであって、労働を労働力にしてしまい、金で測るというのはおかしな話なのです。人間の労働力を商品化して客体視してしまうということですから。ここに女性原理を入れるとしたら、先ほども申し上げたように、サンディカリズムです。あるいはファシズム。国家が介入し、すべての人の権利の対等性を保障するという形です。

高橋　私は大杉栄のアナキズムに親和性を感じていますが、労働力というと、能力になってしまいますので、ある人とない人で区別をされてしまいますね。

佐藤　ええ。労働が労働力になると、能力や適性の問題になります。シュタイナーの言うように、生きていること自体が労働ですから、まったく無労働の人がいてもいいわけですよ。労働ができないという適性があるわけで、それも能力のひとつなのですから。

いまは、いろいろなところに資本主義が入り込んでしまっています。たとえば介護労働は、「魂の労働」――人の魂を助けるような労働だから、賃金が低くても社会的な評価が高い。一方、セックスワーカーが短時間の割に収入がよいというのは、魂を傷つけて切り売りするという部分を含めての賃金だというふうにとらえられているからです。ボランティア活動も、そう。会社の社名を背負って行うのか、就活で有利だから行うのか、まったくの善意から行うのかで違います。会社で行うのは、企業イメージが上がり収益につながるかもしれないからという考え方からきていますし、就活のために行うのは有利になって賃金が高い会社に入れるからという考え方です。「労働力の商品化」は、社会のひずみや価値観をあらわにしてくれます。

高橋　労働と労働力の区別がつかなくなってしまい、精神生活にまで資本主義の論理が入り込んでしまっているのは、経済生活が社会生活の土台になっているからだと、あらためて実感しました。

佐藤　ええ。労働力が消費対象になっているのが問題です。ただ、社会というものは、元来多様性があるものです。同質化現象が進んで労働力商品化一辺倒になってしまったら、社会は続きません。究極のところにおいては資本主義の論理だけでは、労働力を再生産できないという矛盾があります。何らかの形で、愛の原理がないといけないと思います。

高橋　そうなんです。話が戻りますが、私はその愛の原理をベーシック・インカムと考えているのです。どんな人をもしあわせにする力を資本主義が発揮するならば、ベーシック・インカムのような形が最も実現的ではないかと思います。

佐藤　もしベーシック・インカムを導入するならば、聖杯の論理、愛の原理を徹底して、剣の論理を入り込ませない制度にすることですね。「ぜんぶパチンコで使ってしまうような奴になぜあげるんだ」というような声にどうこたえるか。私は、ベーシック・インカムを導入するなら、もらったお金をもしすぐに使ったとしたら、次は食べ物を給付するような制度を一緒に整えるべきだと思います。

高橋　愛の原理を徹底させることは、とても大切なことですね。いまベーシック・インカムを主張する政治家は、個人消費を喚起するだの、社会保障改革になるだの、冷たい剣の論理を振り回すばかりですから。

佐藤　そして、ベーシック・インカムの発想を、公共の場にどんどん入れていくことです。

私は、東京都議会選挙（2017年7月）の公明党の政策に、似たものを感じました。年収760万未満の世帯の私立高校授業料の無償化と、小・中学校の教育の無償化が、それです。これにも、生活保護や就学支援があるじゃないかという声がありましたが、生活保護家庭では払う余裕がないこともあります。払えないのに食べているという罪悪感があるから給食の時間は教室にいないようにしているという子どももいるし、クラスメイトから「おまえ、タダ飯を食べてるじゃないか」と言われいじめに発展することもあります。親がモンスター・ペアレントの場合は、給食費を払う余裕があっても、優先順位が低いので払わない。いずれにせよ、しわ寄せは、子どもにいきます。

剣の論理をふりかざす人には、そういった就学支援をすることで子どもが学校教育をきちんと終えることができれば、就業して納税者になる可能性も高くなるということを考えてもらえばいいでしょう。学校からドロップアウトしてしまうと、社会からもドロップアウトする可能性が高くなり、かえって公的扶助に頼る可能性が高くなりますから。

見えるお金が見えない心を縛る

高橋　経済生活が中心になっているいまの日本人の生活は、みな貨幣に縛られているように思います。貨幣ほど、よく見えるものはないと思うのですが、その「見えるもの」に精神といった「見えないもの」が縛られている。この関係性をどういうふうに考えたらよいでしょうか。

佐藤　まず、貨幣というのは、物々交換できないものが出てきたことから生まれています。たとえば私が水のペットボトルを200本持っていて、サングラスが欲しいとする。でも、水200本とサングラスを交換してもらえないこともある。そういった場合、お金だと、円滑に交換できるでしょう。その円滑に交換できる特別な商品を、マルクスは一般的等価物といいました。

この一般的等価物は、必ずしも貨幣とは限りません。ソ連が崩壊する前の一時期は、赤いマールボロが貨幣の代わりを果たしていました。タクシーに乗りたいときは、赤いマールボロを見せると停まってくれる。レストランに行くときは、まずレストランの前にできている行列に割り込むために、ドアマンにマールボロを1箱渡す。それでウォトカを飲んでキャビアを食べてという大宴会をやって、支払いはマールボロ4カートンで払っていました。日本でも、一昔前は米が一般的等価物でした。でも米は保存しておくと品質が劣化する。そのうち金や銀が登場しますが、金は使いつづけるうちにすり減ってしまうので、価値が下がってしまう。そこで鋳貨《ちゅうか》が起きます。国家が、これには100グラムの金と同等の価値があるという、刻印を押すのです。そうすればたとえすり減っても、流通上は100グラムとなりますから。これを突き詰めていけば、国が責任を持つという形であれば、紙でも何でもいいということになります。それですから、本来は、商品交換という見える形で始まっていたものが、貨幣に変わり、いつの間にか紙になり、いまは電子マネーが出てきている。ただ数字を電子的に動かすだけなのに、貨幣と同じ役割を果たす。見えるものを、見えないものにしてしまっています。

貨幣には、そもそも宗教的な要素があります。商品が貨幣に姿を替えることができる、ということには実は命がけの飛躍があります。しかし、この飛躍を信じている人が大多数なわけです。たくさん持つことで何にでも姿を替えられるようになるから、持てば持つほどいいという幻想や執着が生まれ、ホリエモンのように「お金がすべて」と言う人が出てくるのです。

また、高橋さんがおっしゃっていた、お金に見えないものが縛られているという点は、マルセル・モース[*7]の贈与論にも通じると思います。モースは、何かを贈与されたら返さなければいけないという心理が人間には埋め込まれていると論じました。たとえばお金を借りたとしたら、返せても、返せなくても、その人との関係が変わってきてしまう。力関係になってしまうということです。

高橋　ドイツ語で、「借金」を意味する「Schuld」という語が頭に浮かびました。「Schuld」は、本来は「罪、負い目」という意味なのです。「借りがある」という言い方をしますが、それは関係性が貨幣に縛られていることですね。

佐藤　はい。たとえば私の子どもが大学に行きたいけれどもお金がなかったとしましょう。それで高橋さんに頼んでお金を出してもらったおかげで大学に行けることになった。私、あるいは私の子どもは一所懸命働いてお金を返すことになります。元金《がんきん》だけでなく、法定利息もつけて、きっちりと返済したとしましょう。でも、そうしたからといって、「借りた」という見えない関係はチャラにはなりません。親戚でもないのに、私を信頼して貸してくれたということですから、今後どこかで「高橋」という名前を見ても何らかのシンパシーを抱くようになるでしょう。だから借金というのは、返しても終わりにはならない、難しい問題なのです。

キリスト教は、神に対して返せない借りがあるという発想でしょう。神が自分の子をこの世に送ってきて、イエスには悪いところはないのだけれど、他の人間が持っている罪を背負い身代わりになって十字架にかかったことにより、みんなが救われる可能性があるという構成です。それですから、一生かかっても返せないほどの借りが人間にはあるから、教会に来て献金しろというような仕組みも成り立ちます。

高橋　見える貨幣によって、見えない関係性が生じる——貨幣はシンボルだということを、いまあらためて教えられた感じがします。見えない関係性の見える力として、お金をみんなで共有しているのですね。

佐藤　そう思います。その構成は他にもあって、たとえば日本には他の国にない天皇というシンボルがありますね。現行憲法は「天皇は、日本国の象徴であり日本国民統合の象徴であって、この地位は、主権の存する日本国民の総意に基く」と、はっきりと象徴《シンボル》であり、そのシンボルによって国民統合ができると書かれています。これは明治憲法より強い天皇制の規定です。明治憲法では、せいぜい国家元首という扱いにすぎませんでしたから。それに、「天皇ハ神聖ニシテ侵スヘカラス」という禁止規定があるということは、神聖じゃないと考えて侵す人がいるから、禁止しているわけです。現行憲法は、「〜である」と当たり前のことを記述しているという表現なので、明治憲法より拘束力が強い。

私は『日本国家の神髄』では、一見がちがちの皇国史観で書かれている『国体の本義』にある一種の合理性、目に見えない世界と目に見える世界をつなぐ努力といったものを描き出したかったのですね。対象は違っていますが、『いま生きる「資本論」』（新潮文庫）、『創価学会と平和主義』で書こうとしたことは同じで、それは目に見えないことと目に見えることをどうやってつなぐかということでした。

高橋　『日本国家の神髄』は、とても感動して読んだ本ですが、私が感動したのも、特定のイデオロギーにこだわるのではなく、まさに見える世界と見えない世界との関係を、とてもわかりやすく見えるものにしてくれると思ったからです。

歴史学者の網野善彦さんが『無縁・公界・楽』（平凡社ライブラリー）で書かれていたことを思い出しました。この本のテーマである無縁も同じですね。網野さんは、無縁の原点は家であり、家に帰れば日常のすべての縁から切れて、世俗から無縁なところで生きていけると書いているのですが、無縁とは、見えない世界のことなのです。網野さんは、当時岩波書店から出ていた「歴史学研究」の編集に関わっていましたが、当時のこの雑誌の主流はマルクス主義的で、家は私的所有の原点だという立場でしたから、かなり批判されたようです。

しかし、無縁の原理を持たないと、社会の横の関係が見えてきません。網野さんは、一遍上人《いっぺんしょうにん》を通してそのことを述べています。一遍上人の仲間は、東から来れば東阿弥《とうあみ》、黙っていれば黙阿弥《もくあみ》、見る力がある人は観阿弥《かんあみ》というように、「阿弥」と名乗るのですが、乞食であろうが遊女であろうが侍であろうが、一遍上人のグループに入ると、アミという横の関係の仲間になるのです。岩波文庫で出ている『一遍聖絵《ひじりえ》』を見ると、癩病《らいびょう》を背負っている人や遊女や乞食などが集まって、楽しそうに一緒に暮らしています。日本には、そういう伝統があったのですね。

不安定な社会だからこそ必要とされるもの

高橋　これまでの佐藤さんのお話を伺っていて、佐藤さんの思想のバックボーンであるプロテスタンティズムは、いまのように社会が安定しない時代のためにこそ必要な宗教ではないかと感じました。というのも、いまの時代は矛盾を抱えて生きている人が多いので、「仕事と家庭」というように、「と」で並列させる余裕さえなく、一人ひとりがニーチェのように時代と格闘して生きなければならなくなっているからです。並列させることは、関係が安定していないとできません。

先ほど触れた『釜ヶ崎と福音』の本田さんは、格差が厳しいからこそ、いまの時代は「金持ちと貧乏人」「信者と未信者」のように「と」では分けられない、いわば超越的な時代であると述べています。だからこそいちばん困っている人のなかに救済を見出そうとされているのですが、本田さんはカトリック教会の神父さんなので、カトリックである自らを否定する矛盾のなかで葛藤し、その矛盾のなかにキリスト教の意味を求めようとしているのではないかと思いました。西田幾多郎の「絶対矛盾的自己同一」もそうですが、答えが初めからあったら自由ではありません。答えのないなかで答えを見出そうとする努力自体が尊く、そこにこそ自由があるのです。シュタイナーの思想も、いまは体系的な、まとまった世界観のように思われていますが、本来は時代と格闘する、道半ばにある者の思いなのです。

佐藤　するどいご指摘です。「と」を否定することと、道半ばにあることは、いずれもキリスト教神学に通じます。

キリスト教の神は、ダイナミックで生成する神です。日本人は、このダイナミックで生成するという神観を理解することが難しく、知識人の書いた本のなかでもキリスト教の神を静的にとらえているものがよくあります。一種の文化障壁があって、神とは動かないスタティックなものだという理解になってしまうのです。読者には、神がひとつの場所にとどまらず、常に動き、動くことによって変わり続けているというイメージを持っていただくとよいかと思います。このような神様なので、固定化された「と」の形でとどまることもしませんし、完成形がなく、常に「道半ばにある」のです。

最初に述べましたが、私は高橋さんとの対談の機会をいただくまで、人智学にはあまり関心を持っていませんでした。インド思想とキリスト教のシンクレティズムだと思っていましたし、アカデミックな神学の世界ではシュタイナーはタブーのようなところがありますから。ところが高橋さんの著作を読むうちに、キリスト教神学と通底する問題意識があると感じ、タブーだと思っていたのは自分の偏見であることがわかりました。いま一所懸命シュタイナーを読んでいるところです。まだ内在論理を全然つかみきれていないのですが、間違いなくおもしろい。

高橋　ありがとうございます。そうおっしゃっていただけて、とてもうれしいです。アカデミックの立場からは、シュタイナーは論証不可能な主張だと思われてしまっています。シュタイナーは人間の本性について、肉体とエーテル体、アストラル体という三つの体から成り立つというのですが、このような考え方は、論証できない非学問的な立場だと受け止められてしまいますので。シュタイナーの思想に興味を持った方には、ぜひ『神秘学概論』（ちくま学芸文庫）の「人間性の本質」を読んでいただきたいです。

佐藤　神学と神智学、人智学は通底する問題意識はありますが根本のところでは違います。同じように、神智学と人智学も、通底しながら違うところがあります。

高橋　だからこそ、問題意識をもって向き合えるのですね。神智学は、そもそもはヨーロッパの植民地主義への反対の立場からスタートしています。ロシアの貴族であったマダム・ブラヴァツキーが、白人でありながら、非白人社会を白人が支配することに我慢できず、早々と結婚して貴族の地位を捨て、反植民地運動をするために単独でアメリカのニューヨークにわたり、神智学協会を設立し、その後インドに移住して、わざわざ仏教徒に改宗し、独立運動の一端を担ったのです。だからインドでは神智学はとても信頼されています。けれども逆に、第二次世界大戦前までは、イギリス政府から危険な反植民地主義として弾圧されていました。佐藤さんが抱いていたインド思想とのシンクレティズムという印象は、ここからではないでしょうか。

神智学は、自然や物質のなかに神の意図を見ようとします。大自然のありようは因果論では説明できず、目的論的な意味があるという立場です。たとえばビッグバンのような現象も、神の意図が物質に流出したことの結果だと考えるのです。

人智学もその点では神智学とまったく同じですが、むしろ人間のなかに神を見つける運動です。ですから、有機農法や教育、芸術をとおして、どこまでも現実にかかわろうとします。人間の自我のなかに神がいるという、グノーシス[*8]の立場なのです。

佐藤　人智学はグノーシスを肯定的にとらえ、神学は否定的にとらえます。グノーシスをめぐる立場は、両者の大きな違いだと思います。これは次の「宗教」で、また話しましょう。

III 宗教

——善と悪のはざまで

現代人は悪に鈍感

高橋　いまの日本は第二の啓蒙主義の時代に入っているように思います。第一の啓蒙主義は明治時代に起きていて、見える世界を、より見えるものにしようという気運が日本の近代社会を支える土台になりました。そして、いまの時代は、まだどこにも手本のない未来の新しい日本社会のあり方のための土台づくりをしているという気がしています。社会の構造や仕組みが大きく変わりつつあるので、それぞれが従来の意識を切り替えて、未来に向かって展望を開かなければなりません。

私がなぜ佐藤さんのファンかといいますと、佐藤さんの出された本を読ませていただいて、自分がいかにものがわかっていないか思い知らされ、もっと学ばなければという気持ちにさせられるからなのです。いま、私をそういう気持ちにさせるのは、第二の啓蒙主義の時代を生きているからではないか。政治でも経済でも精神生活でも、まだ見えない未来のための土台になる、基本的に大事なことをわかりやすい言葉で論じてくれている第一人者は、私にとって、日本では佐藤さんです。特に、見える世界と見えない世界の関係を、佐藤さんはご自身の専門であるキリスト教神学の立場からだけではなく、ほかの立場からも、しかもその立場を自分のこととして論じてくださっているところが、すばらしいです。

佐藤　過分にお褒めいただき、恐縮です。この対談もですが、私の書く本では、どういうふうに物事を考えていけばよいのかという土台や心構えを微力ながら伝えていければと思っています。時局評論的な仕事も多いですが、読者が知りたいのはその根っこになっている考え方のほうではないかと思うので。

いまの時代は既成のアカデミズム、特に大学がポストモダン的な作業に没入してしまい、近代実証主義の枠から外れたことを扱うことが苦手になっていますね。人間の体験知のごく一部だけが守備範囲なので、超越的なものである見えない世界を扱えなくなってしまっている。この章のテーマは宗教ですが、超越的なものに接するところには、必ず宗教が出てきます。

たとえば、われわれ人類は、ほかの動物を殺して、その命を得ることで生きています。菜食主義者も生態系に影響を与えているわけですから、何も殺さずに人間が生きていくことはできないのですが、ふだんは無自覚なまま生活をしています。恋愛をするにしても、相手にDVをされることがあるかもしれないし、ストーカーに殺されることがあるかもしれない。いい意味でも悪い意味でもそういう超越的なものに遭遇する可能性があるにもかかわらず、意識することなく暮らしている。

これは、現代のわれわれが悪のリアリティに鈍感になっているからではないかと思います。西洋の正統的な学問は、アウグスティヌスの強い影響下にあります。アウグスティヌスは、悪を「善の欠如（privatio boni）」ととらえ、スイスチーズの穴のように、善が入っていない部分が悪だというふうに考えていました。これでは、悪自体が見えなくなってしまう。人間には当然ながら悪の部分があるので、アウグスティヌスの考え方でいくと、人間も見えなくなってしまいます。２０１６年2月に、キューバでロシア正教会の総主教キリル1世と、カトリック教会の教皇フランシスコが会合を行いました。１０５４年の東西教会の分裂以来、初めて行った歴史的会合なのですが、看過できないくらい悪の力が大きくなっていることに対する双方の危機意識のあらわれだと思います。

善と悪のはざまで生きる

高橋　重要な問題提起をしていただきました。悪の問題は、私にとっては、思想について考えるようになった、そもそものはじめから、一番大事な根本問題でした。

中学生のころ、戦争中に特攻隊として出陣することになった従兄弟の形見としてヘルマン・ヘッセの『デミアン』をもらいました。この本の主要テーマのひとつが、悪でした。アブラクサスという神様が出てきて、これは「善があるから悪がある」「悪があるから善がある」という、善悪を共有する神様なのですが、私が宗教を信仰するとしたら、このアブラクサスを信じようと思いました。なぜかというと、善と悪の関係性、そのなかで生きていくことの意味を教えている神様だと思ったからです。もし悪がなくて善だけでしたら、いまの自分に肯定的に向き合うだけで満足してしまいますけど、そういう人はまずいません。かといって、悪にとらわれているだけの人もいません。人間は善と悪のはざまで闘う毎日を繰り返しています。その闘いを続けることが、一歩でも前へ進むことなんだということを、『デミアン』から学びました。「私は、自分の中からひとりで出て来ようとしたものを生きてみようと欲したにすぎない。なぜそれがそんなに困難だったのか」という扉の言葉も、この生きづらさを指しているように思います。十代の頃の私の聖書になって、いつもポケットに入れて持ち歩いて、繰り返し読んでいました。戦後、ドイツへ行くことにしたのも、『デミアン』のような、世界を変えてくれる思想に出会えなければ生きていけないと思いつめていたからです。

ドイツへ渡り、スイスのアスコナでひと夏を過ごしたとき、ユング[*1]と神智学がもとになったグループで、悪の問題とも正面から取り組んでいたエラノス学会に縁ができ、毎年夏になるとその例会に参加するようになりました。エラノス学会は河合隼雄[*2]さんがご本で紹介されていたこともあり、日本でも知られるようになりましたが、最初に日本人で講師として参加したのは鈴木大拙[*3]さんでした。そのあと井筒俊彦さんも講師として招かれました。家庭的で和気藹々とした雰囲気だったのですが、そこで出会った旧約聖書専門のイスラエルの学者ショーレム[*4]に『デミアン』の神アブラクサスのことを聞いたら、バシリデス（初期グノーシス主義者）の本に書いてあると教えてくれました。それでチューリッヒのユング研究所へ行くことに人生を賭けようかなと思ったのですが、ルドルフ・シュタイナーの著作にも出会って、どちらかを選択しなければならなくなり、結局シュタイナーを取りました。能力的にふたつは無理だと思ったものですから。

佐藤　本当にできることは人生のなかにおいてひとつ、あるいはどんなに欲張ってもふたつか三つしかない。そうすると、捨てる力が重要になります。率直に言って、ショーレムやユングのほうが制度的な学問にはなじみやすいので、大学の先生としての仕事をしていくのならばそちらのほうがいい。でもそうでなくて、シュタイナーを選ばれた。

高橋　ええ。それでシュトゥットガルトでゴットフリート・フーゼマンというシュタイナーの直弟子《じきでし》に出会い、弟子にしてくださいと頼みました。当時フーゼマン先生はキリスト者共同体[*5]の中心メンバーでしたが、人智学徒としての先生と出会い、いま思えばずいぶんと勝手なお願いをしてしまったと思いますが、ほかのことを考える余裕はありませんでした。徹底的に孤独になって、自分のなかから出てくるものを生きようとするところから人智学が始まる。共同体の問題はそのあとに必然的に生じてくると思い込んでいました。それ以来、仲間に助けられながら、自分の人智学と出会う旅を続けているといった感じです。

佐藤　これまで述べてきた「肩書きがない」「道半ばにある」という話と通じていますね。私はチェコの神学者であるヨゼフ・ルクル・フロマートカの影響を強く受けているんですが、フロマートカの主著 *Das Evangelium auf dem Wege zum Menschen*（『人間への途上にある福音』新教出版社）のタイトルに彼の考え方がよく表れています。ドイツ語で Evangelium は「福音」、Weg は「道」で、「道に至るところの福音」という意味です。常に道の途上にいる、生成している過程にあるといった考え方の神学に影響を受けているので、完成して閉じられているのではなく、常に途上にいるのですね。だからサザエさん型の物書きであって、10年前の本も去年の本も、これまでに書いた本は基本的に過去のものなんです。

既成のアカデミズムは、過去の蓄積の上に積み木のように積み上げていく方法です。仮に下のほうの積み木が腐っていたとしても、積んでいかなければならない。そうすると腐った体系にしかならないんですよね。しかし、知的な基礎訓練を行う場所としては、やはりアカデミズム＝大学以外の場所はない。

高橋さんは、制度化されているシュタイナーに異を唱えて脱構築していく。そうやって研究していくと、対象であるシュタイナーはカリスマ性を帯びるし、伝達するその人自身もカリスマ性を帯びる。高橋さんの朝日カルチャーセンターの講座はもう20年以上やってらっしゃって、ずっと通われている生徒さんもいらっしゃるとのことですが、それは高橋さんにカリスマ性があるからだと思います。

悪はどこから入りどこから去っていくのか

佐藤　シュタイナー教育に携わっている人たちに対して、時々閉ざされ過ぎているような印象を受けることがありますが、それはオカルトではなくカルト化されているからではないかと思います。カルトとオカルトは、まったく正反対です。

オカルトとは隠されたものを指しますが、そのような概念が出てくるのは隠されたものを知っているからです。となると、それはもはや隠されたものではない。オカルトとは隠されたものであり、同時に、隠されたものが脱構築されているということでもある。それをキリスト教神学の用語で言い換えると「啓示」になります。

啓示とは、超越者である神が人間に示す真理のことで、神学研究のメインストリームです。キリスト教の最大の啓示はイエス・キリストです。啓示は特定の時間と場所に限定された固有名詞を持った個人に対して現れるので、本質においてゲゼルシャフト（ある目的をもって形成された集団）にはなりえません。そういう点において、高橋さんが人智学に持っていらっしゃる問題意識と近いし、啓示と神智学や人智学は隣接しているんですね。

いま、16世紀終わりから17世紀にかけて活躍したルター派の神学者ヨハン・ゲルハルトの*The Theological Commonplaces*という20巻になるシリーズを読んでいますが、彼の神学も人智学と通じるところがあるように思います。ラテン語の原題は*Loci Theologici*で、日本語に訳すと「神学の場」という意味なんですが、人間の側から着実に神秘を解明して一段ずつ積み上げていけば神の世界に近づけるという仮説のもとにつくりあげられた神学体系なんです。正式なプロテスタント神学はアンチ・ヒューマニズムで、神と人間の質的絶対差異を基本としますが、人間に焦点をあてる人智学的な発想が神学にもやっぱり入っているのです。

高橋　いまのお話で、啓示の意味がはっきりしてきたような気がします。啓示はどこまでも、一人ひとりの人格のぎりぎりのところに現れるのですね。

私にとって、人智学とキリスト教は、まったく区別ができません。シュタイナーは、キリスト衝動をどう生きるかという一点だけを問題にしています。特に「ヨハネによる福音書」と親和性があります。シュタイナーはドイツの思想におけるゲーテとノヴァーリスの流れに位置づけられると思いますが、ヨハネ書との関連では、ロシアのウラジーミル・ソロヴィヨフ[*6]やニコライ・フョードロフ[*7]の流れにも近いように思います。

佐藤　どちらの流れも、日本のアカデミズムでは大きく扱われません。ノヴァーリスの翻訳本は少ないのですが、ロマン主義は人間とは何かを考えるうえですごく重要なものの見方です。ロマン主義は、近代知と接触することによって捨て去られるもののなかに真理があるという精神運動ですが、真理は目に見えないところにあるととらえます。われわれ日本人の誇るべきところはロマン主義を持っていることで、アメリカにはない。アメリカで金融資本主義が興ったことは、ロマン主義的な非合理な要素がわからないことにも理由があるように思います。

ゲーテも、ロマン主義の文脈でとらえることができるかもしれません。『ファウスト』

では、悪魔メフィストフェレスがこのように説明する場面があります。「悪は入るときは自由だが、出るときは奴隷のように不自由だ」。悪はどこからでも入ってくることができるけど、出るときは、入ったところから出ていかなければならない。つまり、悪は非対称なものなのです。高橋さんが『デミアン』の悪についておっしゃった、人間はなぜこの世でさまざまなことに対して苦しみ悩まないといけないのかという問題と、入ってきた悪の出口を見出すのが難しいという問題は一緒に考えることで見えてくるものがあるのではないでしょうか。

高橋　「悪は入るときは自由だが、出るときは奴隷のように不自由だ」——『ファウスト』書斎の場での、重要な言葉ですね。悪はその由来を知らなければ克服できないという意味でもあり、悪魔と契約したのだから、解約するのも悪魔によるしかないという意味にも取れます。なぜ、どこで悪が生じたかがわかれば、意識的に対決できるけれども、突然現れた悪に対しては、理不尽だとしか思えません。そう思うと、悪と自己認識とは不可分の関係にあるのかもしれません。シュタイナーはよく「私たちはみんな悪魔です」と言っていました。つい自分のことを善意の存在だと思い込んでしまいがちですが、悪であることから出発しなければ自己認識には至らない。

佐藤　神学的に、そのシュタイナーの言葉は正しいです。人間はすべて原罪を負っていて、その罪から悪が生まれます。悪が人格化したものが悪魔ですから、われわれはみんな悪魔なんですよ。その前提からスタートしなければいけません。社会制度の組み立てが性悪説になるのも、そういう人間観だからです。性善説で組み立てると、国家に悪がないということだから、国家を規制する原理が何もなくなって、ものすごく凶悪な国家になってしまいます。階級社会を超克したというソ連もそうでしたし、「愛の国家」といって愛を多用する北朝鮮もそうです。

高橋さんがお名前を挙げられたニコライ・フョードロフは、悪の出口を真剣に考えた人物ですよね。彼は「万人復活の思想」を立てた人です。この思想がロケット開発につながっていきます。そう遠くない未来に自然科学が発達を遂げて、アダムとエヴァに至るまですべての人間の復活が可能になる。しかしそうなると土地や食料が足りなくなるので、宇宙に移住できる場所を求めなければならない、そのための乗り物が必要だというふうに考えたのです。

高橋　フョードロフは「モスクワのソクラテス」と言われるほど、博覧強記の人物だったそうですね。私は『ロシアの宇宙精神』（スヴェトラーナ・セミョーノヴァ、せりか書房）という本でフョードロフのことを知ったのですが、何か途方もなくスケールの大きな思想家ですね。

佐藤　ええ。旧ソヴィエトにおいては惑星間移動を考えた科学思想家として扱われ、万人復活の思想は切り捨てられていたのですが、ゴルバチョフ期に入ったときに、宇宙開発の原点となった非合理な部分にも光を当てなければいけないということで、思想が解禁されました。この時期にオウム真理教がロシアに進出し、フョードロフ思想を援用することで、オウムの「ポア」という考えも生まれます。復活は人間の魂をベースにしており魂が滅べば復活できなくなる、正しい教えであるオウム真理教に反抗する人々は放っておけば魂が穢れてしまい万人復活の日に復活できなくなってしまうから、早く肉体を殺すことで魂を救わなければならない、というような組み立てなのです。

19世紀ロシアが生んだ天才ウラジーミル・ソロヴィヨフは、大川周明[*8]、西田幾多郎にも影響を与えました。主著は『神人論』と『三つの会話』です。著作集の『三つの会話』（『ソロヴィヨフ著作集〈5〉三つの会話――戦争・平和・終末』刀水書房）に収録されている「反キリストに関する短編物語」は、黄禍《こうか》論の根っこになった作品なので、興味のある読者は読んでみてください。あらすじを簡単に紹介すると、19世紀の終わり、極東の島国日本が欧米の文物を模倣し急速に技術力をつけるとともに帝国主義的な拡張をし、まず朝鮮半島、そして中国への侵略を開始する。その結果、中国からモンゴルを支配することになり、東京からモンゴルのカラコルムに遷都して新モンゴル国をつくり、中国人モンゴル人と一緒に世界最終戦を西側世界に対して仕掛けていく。ロシア、東欧は日本の占領下に入り、ついにヨーロッパで決戦が行われるのですが、そのときにキリストの生まれ変わりという若者が現れるんです。そして新モンゴル軍を打ち破り、全ヨーロッパの皇帝となるのだけれども、実はこの若者は反キリストだった。それで反キリストの支配に対して、ローマ教会のペトロ教皇とプロテスタントの神学者パウロ教授、ロシアの山奥の修道院にいるヨハネ長老が連合して戦い、反キリストを叩き潰すんです。

フョードロフもソロヴィヨフも、永遠の命を得ていくことに目的をおいているキリスト教であり、これはヨハネ福音書のラザロの復活と通じます。それに対して、マタイ福音書、マルコ福音書、ルカ福音書は、神の国に入ることを目的としている。キリスト教徒としてなぜ生きているのかという、目的が違う。それですから、ラザロの復活の話は、ヨハネ福音書にしかありません。

破壊的な悪の力を包むには

高橋　ヨハネ福音書で、イエス・キリストが新しい掟について弟子たちに話していますよね。その掟とは「父がわたしを愛されたように、わたしもあなたがたを愛してきた」「わたしがあなたがたを愛したように、互いに愛し合いなさい」というものですが、使徒行伝を読むと、弟子たちはその教えに反して喧嘩ばかりしている。ペトロはマグダラのマリアに嫉妬して「自分たちの知らない大事なことをイエス・キリストがあんな女に伝えるはずがない」と言ったり。「新しい掟」を実行するときには、そこには善と悪の葛藤が必ず生じますから、その葛藤を自分がいま抱えていることを意識している必要があります。つまり、悪の出入り口への自己認識です。もしすべての人が互いに愛し合っているだけだったら人間は進化しませんから、そこに悪が入ってきて、互いに憎しみ合い、軽蔑し合い、あらゆる人間関係がこじれる。けれども、イエス・キリストのメッセージはどこまでも、「わたしがあなたがたを愛したように、互いに愛し合いなさい」なんですね。そのことを「新しい掟」と呼ぶことにキリスト教の教えのすごさを感じます。

聖書には入っていませんが、ヨハネ福音書のグノーシス系の文書（「ヨハネのアポクリュフォン」、『ナグ・ハマディ文書　グノーシスの神話』岩波書店所収）を読むと、キリストが十字架刑で亡くなったあとに、ヨハネが悲しみながら失われた師のことを考えていると、父なる神、母なる神、子なる神の三つの姿が現れたということが書かれています。グノーシス派では、三位一体は父と子と聖霊ではなくて、父と子と母なのですね。その後に、天地創造の出発点に立つのは、父であり母である神なんだという話が続くのですけれども、父である神ではなくて、父であり母でもある神なのです。一見、単なる表現の違いのようですが、聖霊は母なる神であるという立場に立つと、善悪に関しても、見えないものも見えてくるように思います。

佐藤　高橋さんの問題意識は、フェミニズム神学に近いですね。キリスト教神学には解放の神学といわれる潮流があり、フェミニズム神学もそのひとつです。いまの聖書は男性主体の編纂によって、女性の関与が削除されてしまっているから、書かれていない部分の再編をしなければということを行っています。

「父なる神」とは、神が男であったとか妻がいたということではなく、あくまでアナロジー、あるいはメタファーです。当時のイスラエルにおいて、外敵の侵入があったときに先頭に立って守るシンボルが父親であったということで、性別としての男を指すわけではないというのが、プロテスタント神学での標準的理解です。

高橋　母なる神という観点を加えると、父なる神と子なる神と聖霊の三位一体のイメージが広がるような気がするのですが。母なる神が『デミアン』のエヴァ夫人のように、悪の神をも包括する存在であると考えられるようになるからです。それによって、宇宙生命のような働きが生まれます。宇宙生命には、肯定する働きだけでなく、壊す働きも含まれています。だからその破壊のエネルギーにもさらされながら、人間一人ひとりが召命《しょうめい》を、「新しい掟」を受けて生きる。そういう愛の思想は、まさに聖杯の思想だと思います。

キリスト教の悪は、浄土真宗の「悪人正機説」にも通じますね。ただヨハネ主義になると、内面の問題だけではなく、宇宙全体のなかにも悪の要素が働いているというところまで、問題が広がります。先ほどお話のあったソロヴィヨフの思想にも――これは『神人論』だったと思いますが、「悪が存在しない世界は自分にとっておもしろくない世界だ」という一節があります。『三つの会話』の解説で、詩人の鷲巣繁男さんも「思想家や詩人で悪の問題に関心がないものは意味がない」という意味のことを書いていました。宇宙全体にも悪の力が働いていないと、存在していることの意味も価値も生じないという考え方を、ヨハネ系の思想のなかに見てもいいでしょうか。

佐藤　ご指摘のとおりです。ヨハネ福音書は、他の三つの福音書とは編集方針が明らかに違っており、グノーシス的な考えが色濃く出ています。ちなみに聖書は、ヨハネとかマルコとかいった個人の作品ではなくて、教団が編集委員会方式でつくっているものです。ヨハネ福音書は、特殊な神学的な立場を持っていたヨハネ教団がつくったものです。

高橋　教団が基本にあったのですね。

ヘッセの『デミアン』では、主人公エーミール・シンクレールが、自分の犯していない罪をあたかも自分がやったかのように語るのですが、それを聞いた意地の悪い上級生に「それ、本当か。誓うか」と言われて、つい「誓います」と言ってしまう。それをネタにシンクレールはさんざんお金をせびられたり、「お前のお姉さんを紹介しろ」と言われたりするのですが、シンクレールはその苦しみのおかげでデミアンと出会えます。何が悪か、何が善かという判断を超えて、悪が運命に直結しているように描かれています。

ソロヴィヨフの『三つの会話』では、「人を殺すのは悪いことだ」「戦争は人を殺す」「だから戦争は悪い」というような三段論法は相手にされず、「論理的に筋が通っているだけのことだ」と一蹴されてしまいます。なぜかというと、自分の問題として受け止めていない、単なる抽象的な議論だからなのですね。『三つの会話』で、ソロヴィヨフは、大事なのは自分自身がある状況になったときに、どういう態度を取るかということだけだと主張しています。

佐藤　そこが重要ですね。自分自身の問題として受け止めるかどうか。そういう点において、われら同志社神学の伝統では、キリスト教神学の核心である「三位一体論」を、「三一論」と言います。「三位一体」の英訳である trinity という言葉には、「位格」にあたる「位」や「体」という意味はありません。ですから「三位一体」というように「位格」を入れることは神学的な解釈になってしまう。三一性の神秘性がなくなってしまうので、自分のこととして受け止めるためにも伝統的に同志社系の人は三一論といいます。

高橋　三一論という言葉には、そういう背景があるのですね。私もこれから三一論を使いたいです。

佐藤　柄谷行人《からたにこうじん》さんも、三一にしたほうがいいとおっしゃっていました。私も三一の神を自分自身の問題として受け止める必要があると考えています。そのときに非常に重要になってくるのが、いま高橋さんがお話をしてくださったグノーシス的な考え方です。

人間の努力を重視するグノーシス

佐藤　キリスト教神学はグノーシスを絶対に排斥しないといけない異端だとしています。しかし、それは一種の近親憎悪であって、グノーシスはキリスト教に深く入り込んでいるからなのです。

キリスト教初期に異端とされたマルキオン[*9]という人がいます。彼は旧約聖書の神け怒ったり嫉妬したりという不完全な神であり、イエスの示した神は慈しみの神、愛の神だと主張して、旧約聖書を削除し、ルカによる福音書とパウロ書簡だけの聖書をつくりました。そして、神は人間のように苦しむわけがないのだから、仮にイエスという人間がいたとしても、神が一時的に乗り移っただけで、イエスの死後に神は去ったという仮現説を唱えた。教会はマルキオンを異端だと追放して、著作もすべて焚書《ふんしょ》にし、いまの聖書を編纂して正典としたのです。

ウィキペディアのマルキオンの項目に掲載されている、彼とヨハネを描いたイコンを見ると、キリスト教内での扱いがわかります。ヨハネは後光が差しているのに、背教者のマルキオンには差していない。顔も醜くつぶれてしまっています。

高橋　化けもののような扱いをしているのですね。異端と決めつけたり、自分たちのほうが偉いというような差をつけることを、イエスはしなかったと思うのですが。

佐藤　そのとおりです。マルキオンは命がけで自分の思想を主張していたのだから、そういうレッテル貼りをしてはいけません。

グノーシスとは、そもそもはギリシア語で「知識」を意味し、人間を救済にみちびく知識のことを指します。どうやれば救済のチャンスをつかむことができるのかという人間の努力を重視するアプローチです。教会はマルキオンを追放するときに、グノーシスもすべて否定することになったので、グノーシスが出てくると自動的に「異端」として、それ以上考えることをしない思考停止に陥ってしまう。しかし、たとえばヨハネの手紙に、グノーシスの要素が入っていることは明らかです。

一方、西洋古典思想史におけるグノーシス研究は死体解剖みたいなもので、根底にあった「どういうふうにすれば人間は救われるのか」という問題意識が抜けている。グノーシスにあった強烈な救済観を救い出そうとしたのが、先ほどから話に出てくるソロヴィヨフです。ソロヴィヨフは『三つの会話』で、トルストイの絶対平和主義を全面的に拒否しています。トルストイの絶対平和主義は形式論理にすぎないものだと排除し、本の最後ではトルストイ主義者の将軍が逃げていってしまう。抽象的な平和主義には何の意味もなく、具体的にどこにおいて、誰が、どのように問われているか、そこから初めて問題になるということなのです。大川周明が関心を持ったのは、この点においてですね。戦争によって平和を実現していくんだという、戦争の哲学があるとソロヴィヨフを読んだのです。

高橋　シュタイナーもソロヴィヨフを尊敬していたようで、ドイツ語でソロヴィヨフ全集が読めるように配慮したそうです。そういえば大川周明の全集で、影響を受けた思想家としてルドルフ・シュタイナーの名前を挙げていたのを読んだことがあります。

意志の力を超えて働く縁と召命

高橋　佐藤さんがおっしゃった「具体的にどこにおいて、誰が、どのように問われて」ということに近い言葉をキリスト教神学から探すとなると、「召命」になるのではないでしょうか。召命は、人間が神に出会うということですよね。

佐藤　おっしゃるとおりです。ですが、日本人は神という主語を出さないほうがわかりやすいと思うので、「縁《えにし》」という形でとらえてみるとよいでしょう。人生には、いつの間にかこの職に就いていた、いつの間にかこの友人ができていたというように、自分の意志で計画したこととは違うことになっていることが多いでしょう。それは「縁」があったからだと、日本人は考える。これは召命と親和性が高い。自分の計画とずれているところに、なにかの力が働いている。それは個別的なことであり、固有名詞があり、なにかに呼び出されているからである、という考え方が召命です。一回限りで、個別的に起き、繰り返すことはできません。

高橋 召命は個別的で一回限りなのですね。召命、縁を考えていくと、カルマとの親和性も出てきますが、さらにいえば、「この世に生まれてきた」ことの意味にも通じると思います。一回限り、ほかの人には絶対にできない仕方で、特定の時間に特定の場所に生まれたわけですから。ほかの人が絶対に経験できない環境のなかで、われわれ一人ひとりが召命を受けて生きている。どんな人の人生も、召命を受けていまここに生きている、このことがキリスト教の基本にあるのですね。

ドイツ語では、「召命」を Beruf といいますが、「職業」という意味もあります。ドイツ人の感覚ですと、職に就いているということも召命を受けているという感覚なのでしょうね。

佐藤 そうでしょうね。でも、ドイツ人は、アルバイトのような単なる生活のためだけの仕事のことは、Beruf ではなく、Job といいますよね。Beruf と Job を分けているものは何か。その仕事に召命を感じているか否かで分節されているのだと思います。

召命は、たしかに個別のひとりが呼ばれるんですけれども、その個人はある集団のなかのひとりとして呼ばれてもいるので、集団が抱えている問題をも抱えている。個人の問題でも集団の問題でもある二重性があるわけです。同じように、労働は自分が賃金をもらう個人的なものでありながら、他の人間と、いわば社会と結びついているところで行われている。だから実は Beruf をやっていることによって、他者に対してなんらかの奉仕をしている。あるいは Beruf を通じて、自分は他者から生かされている、という意味合いがあり、これが召命になります。そこに Job との違いがあるように思います。

高橋　なるほど。佐藤さんの場合の Beruf、召命感は何でしょうか？

佐藤　私はいま五十代の後半なのですが、自分の人生で経験したことの成果を、かちっとした神学的な用語で、神学の素養がある若い人たちに伝えていくことですね。同志社大学神学部で非正規の講座をやっているのも、その一環です。

プロテスタンティズムのおそらく根幹である言葉が使徒言行録にあります。それは「受けるよりは与えるほうが幸いである」という言葉なのですが、これは人に与えるものがないと実行不能ですよね。「なにかを与えられる人間になりなさい」という意味なので、すごくシビアなことを言っているわけですが、裏返せば自分なりの知識やノウハウを身に付けるために努力をしなければならない、それは与えることが目的だからであって自分で溜めこんでいては駄目だということです。

高橋　『国家の罠』以降の佐藤さんの著作家としてのお仕事の仕方に、そのことをとても感じます。

佐藤　あと召命感とは違うのですが、成り行き上、一所懸命やっていることは猫のシマの介護です（笑）。溶血性貧血を抱えているので、ステロイドの長期投与を続けていたのですが、それで血糖値が上がってしまって。薬物性の糖尿病なのですが、猫用の薬はないから、人間の糖尿病の薬を砕いて与えているんです。でも、猫は自分で「気持ちが悪い」と言うことができないので、状態に相当気を配らないといけない。それで、毎日動物病院に連れていって、少しずつインシュリンの量を変えて血糖値がどういうふうになるかというデータを取っています。シマにかけているエネルギーで、おそらく新書を2冊ぐらい書けるのではないでしょうか（笑）。ほかにタマという猫もいるのですが、体重が12キロもあって、そのうち病気を抱え込むだろうからこのタマのダイエット計画をどう取り組むか、あわせて自分もダイエットしようということを考えています（笑）。

高橋　先日、タクシーに乗ったときに、太った運転手さんが、重度の糖尿病だったけれど相模大野《さがみおおの》駅から横浜駅まで毎日歩いていたら治りましたとおっしゃっていました。猫ちゃんも、歩くといいのではないでしょうか。

佐藤　実はタマにはハーネスをつけて外を散歩したことがあったのですが、猫を連れて散歩していると、変な人だなという目で見られてしまうので、なかなか難しいです（笑）。

音楽や本との出会いも召命

佐藤　高橋さんが召命感を持っていらっしゃることは何でしょう？

高橋　やはり、シュタイナーの思想を日本に紹介したいという思いです。それとほかの誰でもない、私の人智学を見つけていくことでしょうか。子ども時代が戦争中だったものですから、十代のころはどうしようもない閉塞感があって、自分のなかの可能性なんてものはまったく見えずに、苦しくてたまらなかった。そのときに、これまで何度も触れたヘッセの『デミアン』を読んで、誰のなかにもある自我の可能性を、ノヴァーリスの言葉「運命と心情は同じ意味を示すふたつの言葉だ」を引用して語ってくれているのが、ものすごくうれしかったんです。『デミアン』に描かれている、内面の世界を掘り下げる作業が、いつの間にか社会生活に通じること——その問題がルドルフ・シュタイナーにつながっていったのだと思います。それと、疎開先の千葉県の成東《なるとう》（旧武射郡成東町、現山武市）で、ある夜散歩していたら、まわりが月の光に明るく照らされていました。そのとき、星はそれぞれに自分を孤独に輝かせているけれど、月はまわりを美しく照らしていると思って、勝手に感動したことがありました。人間関係の可能性、お互いに照らし合っている関係を私の理想にしようと思いました。

ソロヴィヨフの『神人論』のなかにすごく気に入っている言葉があります。「人間の自我は可能性の点では絶対的なものだが、現実にあっては取るに足らぬつまらぬものである。この矛盾のうちに悪と苦悩が存在する」という言葉です。自我というのは、可能性としては神に通じるものであっても、現実の私たちの自我は取るに足らぬつまらぬものである。この可能態と現実態との矛盾のなかから、悪と苦悩が生じるというのですが、この言葉にソロヴィヨフの思想が凝縮されているように感じました。ほとんど神と同じところまで行き着くような潜在的な可能性を持っているのに、現実の自我はとんでもなく弱虫で、すぐにねたんだり、落ち込んだり、破壊的になったりする。この矛盾のなかに悪と苦悩がある。これはロシア的な、カラマーゾフ的な表現のようでもあるし、自分自身のことを言われているような感じもあります。これをあなたに掟としてあげるから、しっかりと自分のなかで受け止めなさい、あなたのなかに無限の可能性があるのに、いまのこのざまは何だ、みたいな感じです。ヨハネの第一の手紙にある「自分に罪がないと言うなら、自らを欺いており、真理はわたしたちの内にありません」という一節も同じ気持ちで読めます。

そういえば、『カラマーゾフの兄弟』のアリョーシャのモデルがソロヴィヨフという説がありますが、本当でしょうか？

佐藤　違うと思います。アリョーシャはソロヴィヨフ的な、意志強固なタイプではないですよね。『カラマーゾフの兄弟』は未完に終わっていますが、もともとのドストエフスキーのプロットではアリョーシャは無神論者でしたから、その後堕落して女におぼれていったように思うんですよね。だから、そういった説がありますが、私は違うように思います。

「デミアン」というと、私はそれこそ映画『オーメン』のダミアン、666みたいなものを思い浮かべてしまいますが（笑）、高橋さんが『デミアン』に感じられたように、自我との出会いがあり、明るい世界だけでなく暗い世界もあるということを描いていることが重要ですよね。『デミアン』が出たのは第一次世界大戦の直後で、未曾有の大量殺戮と大量破壊を踏まえたところで出てきたヨーロッパの誠実な知性であるわけです。

小説ではなく、たとえば音楽で、そのような出会いを感じたものはありますか？　音楽というのは理屈で説明しにくいだけに、強さがあります。

高橋　私の音楽体験の原点のひとつは、「国家」の章でも触れましたが、大学へ行かずに中野駅近くの「クラシック」という喫茶店に毎日通ったことです。ドイツ・ロマン主義の流れのなかで、マーラーの交響曲にはじまり、当然のようにワーグナーに夢中になりました。子どものころ、ラジオで聴いて一番好きになったメロディーが「さまよえるオランダ人」の序曲だったことを、あとから知りました。ドイツにいた頃は、毎年夏にはバイロイト音楽祭へ出かけていて、音楽の友社のツアーで来られた作家の山田風太郎さん、木々《きぎ》高太郎さんと知り合ったりもしました。70年代のはじめには、マイルス・デイヴィスの「ビッチェズ・ブリュー」がきっかけで、マイルス、コルトレーン、サンタナ、ピアソラなどをよく聴くようになりました。最近はむしろ歌謡曲にはまっていて、KANAさんの「永遠《とわ》の月」が気に入っています。バックコーラスからソロで歌うようになった人ですが、紅白歌合戦にも出た演歌の作曲家すぎもとまさとさんが師匠です。突然感情が高まって半音上がったりするので、歌うのが結構難しいんですけれど……。

佐藤　ということは、カラオケでトライされているということですね。

高橋　はい。すごく下手ですけど。

佐藤　こういうところにその人ならではの召命感、思想の型があるんですよ。テーマが月でしょう。基本的に悪のシンボルですから、神学者は選ばないテーマです。それから「ルナティック」という言葉があるように、月の光に打たれると、その霊気で精神に変調をきたすと信じられていましたから、人智学者でないと選ばれないかもしれませんね（笑）。自分の思想と離れたところの歌は好きにならないんですよ。

高橋　ベートーベンもドビュッシーも「月の光」を題材にしていますね。日本では「荒城の月」もあります。やはり霊気に打たれたんでしょうね。「永遠の月」は、愛する恋人が突然死んじゃって、空に包まれて月になってしまい永久に戻ってこないという歌詞なんですけれども、悪魔と関係のある歌でしたか（笑）。

佐藤　同じテーマなら、私は武田カオリの「ANGEL」ですね。映画『人のセックスを笑うな』の挿入歌です。「永遠の月」の逆で、天使のようになって天に向かっていくような歌詞なので、太陽のイメージが強い。けれど同じテーマを扱っているところがおもしろいです。

『人のセックスを笑うな』は、山崎ナオコーラさんの小説が原作ですが、井口奈己監督の映画のほうを薦めます。松山ケンイチさんと、個人的に大ファンである永作博美さんが主演しています。まさに悪を扱った映画です。制度化された大学が駄目になり、哲学科や倫理科で悪の問題を上手に扱えなくなっていますが、人間の知性というのはおもしろいもので、サブカルチャー側での落とし込みがうまくなるわけです。

高橋　そういえば、60年代のころの東映のやくざ映画も悪との闘いでしたね。山下耕作監督の静かな美しい映像が好きでした。構造は単純な善対悪なのですが。

佐藤　でも70年代に入ると、深作欣二監督の『仁義なき戦い』（1973）、中島貞夫監督の『沖縄やくざ戦争』（1976）が出てきます。どちらも、単純な二項対立ではない構造が描かれています。

高橋　そういうものもあるんですね。

佐藤　ええ。他にも、同じ深作監督の『県警対組織暴力』（1975）は、暴力団と癒着《ゆちゃく》している腐敗警官が主人公で、義理人情と職業倫理の間で揺れ動くさまが描かれていて悪を一義的に扱っていないおもしろい作品です。

悪は人間の言葉から生まれる

佐藤　本でしたら、小保方晴子さんの『あの日』（講談社）や元少年Aの『絶歌』（太田出版）は、悪を実感できるテキストですね。悪は人間の言葉から生まれてくるので、そういう言葉をたくさん紡ぐことができる特別な能力があるふたりです。

小保方さんのＳＴＡＰ細胞問題は、錬金術の構造と同じであることが、ユングの『心理学と錬金術』（人文書院）を読むとよくわかります。錬金術は科学的にはありえないことなのに、何百回も成功している。要するに同じ研究室にいた人間の無意識を支配することによって、錬金術師の言っていることが正しいということを深層心理で信じる状態をつくり出してしまったわけです。理研という日本のトップエリート集団も、ある期間、錬金術の研究室と同じ状態になってしまった。錬金術が現在も生きているという点において、小保方現象は重要です。約20万人が『あの日』を買い、そのうちの相当数がこんな理不尽なことがあっていいだろうかと、小保方さんと自己同一化して憤っているわけですから。

高橋　両方とも読んでいませんが、やくざ映画みたいに、「善か悪か」よりも「善だから悪、悪だから善」がありの時代になってきたのですね。イデオロギーが錬金術化している時代になったのでしょうか。

佐藤　そうかもしれません。ニュートンは最後まで錬金術を追究し、そこから微分法も万有引力の法則も発見しました。ただし、微分法も万有引力の法則も公共圏で説明できる概念です。21世紀に生きる錬金術師兼自然科学者は、プレモダンな世界観と近代の自然科学の世界観の間である種のハイブリッド性を担保しなくてはならない。自然科学の領域の言説については反証主義的な手続きをとらないといけない。小保方さんはそれを混同した議論をして、『あの日』という本のなかで特定の人に敵意が集まるような操作をしている。またその手法で、一定数の信者を獲得している。この現象自体、宗教的ですよね。だから社会が完全に世俗化されることはなく、宗教もそう簡単には死に果てません。宗教には真実の宗教と偽りの宗教があって、真実の宗教が弱くなれば、こうやって偽りの宗教が強くなるのです。

高橋　偽りの宗教に対抗するためにも、宗教のなかでこそ、悪の問題を扱ってほしいです。悪の問題は聖なる問題と結びついていますから。ある精神運動が起こると、それがどんなに立派な運動であっても、必ず権力のような形の悪にとりつかれるということは、不思議ではない気がします。

佐藤　いまは悪のリアリティを実感できなくなっていますが、キリスト教神学の立場では、人間には原罪があるので、人間の力だけで善を達成することは絶対にできません。啓蒙主義以前の人々は「神は天にいる」といった素朴な神観を持っていましたが、それを信じることのできない近現代人には無意識の自己絶対化がある。それだから何かよい目的をもって運動をしたとしても、自己絶対化の悪が出てきて、高橋さんがおっしゃったように悪にとりつかれてしまう。

高橋　近現代人は、人間が万能の造物主になりかわれるという錯覚を抱いているように思います。

佐藤　おっしゃるとおりです。ですから、人間の力が決して及ぶことのない外部が存在していることに気づくかどうかが重要です。

聖書に、こういう話があります。悪魔を1匹追い払ったら悪魔が「いやあ、家がきれいになった」と言って7匹の仲間を連れて帰ってきた。7は完全数ですので、そこらの家じゅうに悪が満ちあふれているわけです。スピノザは世界に少しずつ神様が分有されていて、宇宙を総和すれば神様になるという汎神論を唱えましたが、世界には悪が満ちあふれているから汎悪魔論になるのです。スピノザに依拠したら、最後には悪魔たちが闊歩《かっぽ》する世界になってしまいます。

人間関係のなかにいる神と悪

高橋　いま佐藤さんがおっしゃった「人間の力が決して及ぶことのない外部」とは、神様のことだと思うのですが、召命のところで、与える側と受け取る側の関係とおっしゃっていたこととあわせて考えると、人間の力の決して及ばない側からの働きかけがあるということですね。

与える側と受け取る側の関係を、あげる側ともらう側があるというふうに言い換えると、たとえば、わかってあげる人とわかってもらう人、聞いてあげる人と聞いてもらう人がいるわけです。つまり、人間関係は他者がいなければ成り立たないわけです。

歌手の三波春夫が「お客様は神様です」と言ったのは、ひたすら聞いて「もらう」側だったから言えたのかなと思いました。私の場合は横浜のカルチャーセンターで講座を持っているのですが、私は「わかってください」、聞いているほうは「わかってあげます」という関係をいつも経験しています。学問、文学や音楽でも同じで、読んでわかってくれる読者、聴いてくれる聴衆のおかげで育てられる。そういう相互の関係性がありますね。

佐藤　おっしゃるとおりです。三波春夫の「お客様は神様です」を、商業主義だとかお客様にこびへつらっていると見る人もいますが、彼のシベリア抑留の経験から出てきたと思うんですよ。彼は晩年になってシベリア抑留の話をするようになったのですが、それだけ彼のなかで抑圧されていた経験だったのではないでしょうか。シベリア抑留は五十数万人が抑留され、5万数千人が死んでいる。その多くがハバロフスクの収容所で死んでいるのです。そこに三波さんはいて、朝起きるとベッドのなかで何人もの戦友が凍死し、満足に食料もないような生活を生き抜いてきた。彼は歌うことによって生き抜いてきたし、彼の歌を聴くことによって生きる気力を持った人がいただろうと思います。だから「お客様は神様です」という言葉は、聞いてくれた戦友たちによって俺は生かされている、だから歌わないといけないと思っていたのではないか。シベリア抑留の経験から出てきた「お客様は神様」という言葉が、彼のなかの宗教性なわけです。

高橋　すごい話ですね。困難な状況になればなるほど、自分だけではなくて、他者がいることが重要になるのですね。マタイ福音書のなかに「ふたりまたは三人がわたしの名によって集まるところには、わたしもその中にいる」という言葉があります。その言葉がいつも気になっていたんですけれども、やっぱり他者との関係性のなかに神様がいるということでしょうか。

佐藤　そう思います。関係性のなかに神がいるということを、裏返して言うと、関係性のなかに悪があるということにもなります。

高橋　なるほど。

佐藤　その意味において、関係性というのは両義的です。キリスト教はグノーシスを切断するために、この両義性を見ないようにして軽くあしらってしまった。だから善なるものが悪に勝つという、単純で楽観的なストーリーを立ててしまったのです。しかし善の隣に悪は宿っているので、簡単に除去できるものではありません。

逆に、悪の隣に善が宿っていることはできるのかという問いには、必ずしもそうではないと神学者は考えるわけです。だから善が悪に転化することはあっても、悪を通して善を実現することはできない。非対称性が、また出てきます。それだからキリスト教徒の場合は外部性——神、外からの力を強調するわけです。

先ほど薦めさせていただいた『人のセックスを笑うな』は、関係から悪が生まれてくることがとてもよく描けている作品です。ちょっとした会話から悪が生まれ、それによって人間が変わってしまう。言葉というのは怖いものなのです。聖書にも、何を食べたら罪になるかを心配している弟子に、イエスが食べ物は問題ない、口から出るものが問題だと伝える場面があります。悪は言葉から出てくるけれど、人間は言葉なくして生きていくことはできない。でも善も、言葉から生まれてくるわけです。キリスト教的には「なぜあなたは生きているのか」という問いには「神の言葉によって生きている」という答えになる。最終的には言葉の問題です。

高橋　悪を通して善を実現することは、私にとっての大問題なのです。先ほど、『デミアン』のシンクレールが、いじめに遭ったことでデミアンに出会えたと言いましたが、「悪を通して」を「限界状況を通して」とも言えるのではないでしょうか。いずれにしても、最終的には言葉の問題だということは、よくわかります。この言葉の問題は、召命でもあるのですね。

佐藤　そうです。突然やってくる召命に対して応えるか拒否するか、言葉で対応するしかありませんから。ただ言葉を重視するというのは、西側の考え方ではあるのです。言語ではないやり方では瞑想というのがありますが、自意識が肥大化している状態であるのに悟りを得たと勘違いしてしまう危険性があります。これでは、言語化しても私的言語になってしまう。ヴィトゲンシュタインが言ったように、私的言語は成立しません。二人以上の人がいて、一定の共同主観性のあるなかでしか言語は成立しえないですから。

高橋　言葉は共同主観性のなかでしか成立しない、つまり共同体がなければ成立しないということを大切にしたいと思います。

ヨハネ福音書の冒頭に、「言《ことば》の内に命があった」とありますね。命のなかには善だけでなく悪が入っている。だから言葉によって神が現れたり、悪魔が現れたりもする。

佐藤　まさに命のなかには悪が入っています。古代キリスト教を大成したアウグスティヌスはマニ教徒だったので、悪をconcupiscentia（コンキュピスケンチア）という概念にしました。訳が難しいのですが、欲情とか欲望といったところに原因を求め、端的に言うと精液が悪の原因であるとしたのです。生殖行為や性欲に罪があるから禁欲をすれば人間は罪を超えることができるという、マニ教みたいなものになってしまった。キリスト教系の新興宗教集団に、セックスを通じて清めた血をつくるというようなのが出てくるのも、アウグスティヌスに起因しています。本当は性欲でなくて、言葉なのです。どういう言葉を人に語りかけるかが大切です。

愛をリアルに感じるためには

高橋　言葉と共同体の関係を考えることは、日本語と日本人の関係をも考えることにつながります。この前突然、自分は日本語が話せるということは何とありがたいことかと妙に感動したことがありました。言葉が使えるというのは、よく考えてみると奇跡のようなことです。しかしいま使っている日本語のなかには、翻訳語がたくさん入っています。ですから、言霊《ことだま》と結びつかないので、どうも感覚としてはしっくりこないものもあります。漢語の音《おん》である愛も、霊もそうです。私としては、愛がなければ世界が滅びると思っているぐらいに愛は大切なものですが、「アイ」「レイ」には日本語として違和感があり、自分の言葉の響きとは違うような感じがあります。

佐藤　琉球語には、愛という言葉はないんですよ。

高橋　なんて言うんですか？

佐藤　「愛する」が「かなしゅん」です。平安朝で使われていた「かなし」なんです。

高橋　いいですね。いとしい、かなしい、という意味の「かなし」ですね。

佐藤　ええ。この「かなし」は、外部の力によって、感情をプラスもしくはマイナスに作用させるという両義性があった言葉です。琉球語はプラスの感情にシフトしていったので、愛に近いニュアンスになりました。日本語はマイナスの感情にシフトしていったので、「かなしい」になりました。

高橋　「かなし」のほうが、響きとして、自分のものと感じられます。この「かなし」の持つ愛の感覚を、いまの社会生活のなかで大切にしたいです。

佐藤　愛をどうやってリアルなものにしていくか。愛のリアリティは、私にとっても深刻な問題です。

高橋　愛の原理は、本来、社会生活のあらゆるところに生きていると思います。愛のリアリティは、本当はいつでもどこでも感じることができるはずなので、一見正反対に見える資本主義にも愛は存在しているはずだと思うのですが。

佐藤　ええ。「資本」の章でも申し上げましたが、もし愛がまったくないんだとしたら、資本主義というシステム自体が継続することはできないはずですから。

いま、愛が、社会ではなく、家庭という狭いところに閉じ込められてしまっています。夫婦関係、親子関係というように、家庭のなかでしか愛が存在してはいけないというように受け止められている。そうなると、シングルは、自分で自分を愛する自家中毒になってしまう。愛は家庭のなかだけだと考えると苦しくなってしまいます。愛の社会化を考えなければいけません。

高橋　本当にそのとおりです。

佐藤　日本語で愛というと、「愛着」「愛惜」といったように、物質的なものと結びついて執着しているような意味が強くなるか、性愛、セックスを想起するかになってしまいます。
　ギリシア語では、愛情を三つに区別します。まず、エロース。これは自分に欠けているものに憧れるという意味があります。恋愛も、エロースに含まれます。次がフィリア。友情のように、相手を一方的に求めることをせず、お互いに相手の気持ちになって、尊重し合うものです。最後がアガペー。見返りを一切求めない、一方的な愛情です。神の愛は、アガペーです。日本ではニーグレン[*10]の影響が強いのか、愛というと、エロースかアガペーのどちらかが挙げられてしまいます。大切なのは、フィリアを育むことです。

高橋　いまは特にエロースの意味が強くなってしまい、恋愛と関係のないところでは、愛という言葉を使わなくなっていますね。フィリアを育むには、どうすればいいのでしょうか。

佐藤　まず、自分のできる範囲、見える範囲でやることでしょうね。それを越えたら偽善になるリスクが高まりますから。自分の付き合っている人たちとのなかで、フィリアを実践していく。たとえば、「この本、おもしろいよ」と薦めて、相手が「読みたい」と言ったらお金をとらずにあげるといったように、商品経済システムのなかで、それを超える領域を意図的につくる。自分がその好意を受け取る立場の場合は、素直に受けること。受ける行為をしないと、与えるという行為もできませんから。親子関係もそうです。親の愛情が豊かな形で育まれれば、子どももそれを自分の子どもに継承していきます。親が学歴主義、出世主義だったり、自分の都合ばかりを押し付けたりするタイプの場合は、その子たちが結婚して家庭を持つと、自分の子どもにも同じことをしかねない。一度悪い方向に曲がったものを愛の方向に転換していくのは難しいですが、不可能なことではないと思います。ですから、愛のある相互関係を一時的にも、通時的にも持っていくということではないでしょうか。

高橋　相手を尊重して思いやるという気持ちがあれば、フィリアが自然に育まれるのですね。

佐藤　ええ。ただ、思いやりという言葉がネガティブな方向にいくと、忖度《そんたく》になります（笑）。

高橋　思いやりにも、ポジティブな面とネガティブな面があるということですね。思いやりが忖度になってしまうのは、その言動をすることで自分に見返りがあるかどうかという損得勘定が根っこにあるように思います。

佐藤　そうですね。思いやりは見返りがなくて、忖度は見返りがあります。籠池《かごいけ》（泰典、学校法人森友学園元理事長）さんの忖度という言葉を聞いて、みんなが違和感を持ったということは、まだ救いがあるということです。忖度と思いやりが分節化できなくなって、ひとつの単語になってしまったら、大変なことになります。

高橋　そうならないためには、相手のことをわかってあげる、ということでしょうか。日本語では、「あげる」は自分のほうが上の立場にあるというようなニュアンスが含まれてしまうので、フラットな関係のままの言葉があるとよいのですが。

佐藤　「わかるよ」でしょうか。これには、わからないけれどわかる、という意味もあります。「お前の言っていることはわからないけど、わかるよ」みたいな言い方をすることがありますよね。論理としては通っていないけれど、感覚としてはわかる。こういう表現は、既存の意味領域を壊さなければ出てきません。だから重要なことは、メタファーやアナロジーでしか言語化できません。

高橋　私たちの言葉に超越的な意味があるのは、本当にありがたいことです。私たちの社会生活は、いつでも言葉が基本になっています。

佐藤　そう思います。フィリアを育むにも、やはり言葉が大切なのです。言語化して他者とコミュニケーションすることをあきらめてはいけません。言語で表現することをあきらめた人間は、暴力や金銭で他者を支配することを考えるようになります。「理屈を言うな」という言葉の背後にある暴力性を考えなくてはいけません。理屈は徹底的に言わなければ駄目なのです。せっかく、われわれは言語という力を持っているわけですから。

高橋　いまのお話を伺って、日本語の「愛」をどこかしっくりしないと思ったり、もっぱらセックスと結びつけて考えたりするのは、言語化の努力を怠《おこた》っているからだと思いました。

佐藤　努力を怠っていることもありますが、日本人は、愛の問題を表立って語るのに慣れていないこともあるのでしょう。愛の問題を、私にとっての具体的なものとして受け止めることが大事です。具体的な場所で、具体的な人との関係でないと、愛は成り立ちません。固有名詞があるところでの関係であるということです。

たとえば、私は平凡社の担当編集者の吉田真美さんのことを愛しているんですよ。だから、カルチャーセンターでの講座が終わったあとや、打ち合わせのあとに「ちょっとご飯でも行こうか」と声をかけたりもするし、次にどういった本を出そうかという企画の相談もしたりする。それは愛しているからなんですよ。そして、吉田さんも私のことを愛してくれているから、私の本をつくってくれている。これが、フィリアです。いま、「作家佐藤優」は出版業界では、ある程度の部数を売ることができる名前になっているから、仮におざなりに本をつくったとしてもそれなりに売れるかもしれません。吉田さんはそういうことをせずに『神学の思考』（平凡社）を丁寧につくってくれた。その背景には、愛があるんですよ。もちろん著者に対してだけでなく、会社や仕事に対する愛もある。こういうことを公けに言わないのが日本の文化ですが、テーマが愛なので話さざるをえないのだけど（笑）。フィリアとはこういうものなんです。

高橋　あくまで、私にとっての、個別で具体的な問題として考えることが大切ですね。

佐藤　ええ。ですから、抽象的な対象では愛が成り立たない。それに、具体的であっても、愛が成り立たない人間関係もあります。人間にはアガペーは無理ですから。

なぜ私たちは生きているのか

高橋　対談も終盤になってきました。最初に取り上げた見えない世界と見える世界の関係を最後にもう一度話し合いたいのですが、われわれの生活の土台にあるものは見えない世界です。その見えない世界をどうやって見える世界にするかという作業は、そもそも人間の知的営為の基本なのですが、いまのわれわれはその営為の土台にある見えない世界を忘れてしまっています。

佐藤　おっしゃるとおりです。しかし、目には見えないけれど、確実に存在するものがあります。キリスト教において、信仰、希望、愛は、永遠に滅びない三つの概念です。いずれも目には見えないけれど、確実に存在するわけです。信仰がピンとこない人は、信頼と言い換えてもいい。目に見えないものを目に見えるものにする作業とは、信頼、希望、愛が自分の家庭、自分の職場、自分のパートナー、あるいは自分の帰属している団体や趣味のグループといったなかで、どういう形で具体化できているかということだと思います。

高橋　見えない世界というと、いまは怪しげな世界のことだと思われがちです。

佐藤　近代以降のわれわれは、「天の上にいる神」を信じることができませんから。ガリレオ、コペルニクス以降の世界観において天上に神がいるとかいう概念は、いまのわれわれの宇宙観、世界観と合致しないので、そういう形で話を持ってきてしまうとどこかインチキにならざるをえないわけです。最初のマザー・テレサの話のように、オカルトではなくカルトの構造になってしまう。

高橋　カルトが蔓延し、われわれが見える世界だけを信頼してきた結果、宗教に関心がある人も、無意識に見える世界だけを信仰しているのですね。見える世界とは、具体的には貨幣や法律を原理としていますから、生活の土台が経済生活や法＝国家生活であるとしか思えません。

佐藤　しかし、信仰や希望や愛を金で買えると思ったら大間違いで、いずれの概念も金では買えません。ここが、おもしろいところだと思います。権力でも買えません。此岸《しがん》の、目に見えるわれわれの生活のなかで、信仰、希望、そして愛をどういったやり方で具現化させていくかがいま問われています。

高橋　本当にそうですね。信仰、希望、愛こそ、現代の私たちの最も尊い課題です。この課題に、付け加えておきたいことがあります。それは神と人と自然についてです。かつてロマン主義が大切にしていたふたつの言葉があります。能産的自然（natura naturans）と所産的自然（natura naturata）です。ブリタニカ国際大百科事典によれば、中世の神学者ドゥンス・スコトゥス[*11]とスコトゥス・エリウゲナ[*12]に発する言葉だそうですが、能産的自然、つまり生み出す力としての自然とは造物主（神）のことであり、所産的自然、つまり生み出された自然とは、人間を含む被造物のすべてです。創世記の冒頭を読むと、造物主が天と地を創造し、闇のなかに光を生じさせ、水のなかから天と地をわけ、地には固い土地と植物と動物を生じさせ、最後に動物のすべてを支配するために人間を神の像として創造し、神は自分のつくったすべてを見て、それをきわめてよいと思ったというのです。

ところが、いま、人間は神にとって代わって、自分を能産的自然にしようとしています。AI（人工知能）も原子力も、そのことの現れです。いずれ生命までも人工的につくり出す気でいます。

佐藤　ユダヤ・キリスト教では、人間がつくったものを拝んではいけないとはっきり示されています。キリスト教で、自分を正しいと認める自己義認が最大の罪として扱われているのも、自分を造物主として考えてしまう可能性が常にあるからです。日本はAIやiPS細胞を手放しで歓迎する傾向がありますが、そこにわれわれが造物主になろうという欲望があります。

私は、AIは、倫理の問題を引き起こすとみています。たとえば、AIによる車の自動運転が可能になった場合、目の前の車が急停止してハンドルを右か左に切らなければならなくなったとき、選択肢をプログラミングしておかなければならない。右に高齢者がいて、左に若者がいたらどうするか。右に偏差値70の学校の制服を着た少年、左に私服の同年齢の少年がいたらどうするか。保険会社の場合は経済功利性から判断するので、高齢者や偏差値が低いと想定される少年のほうに設定するでしょう。

iPS細胞も、技術的に可能になったら、金のある人は生命の延長ができ、金のない人は死ぬのかという話になり、経済と結びついてしまいます。

高橋　そうなると、どうしても、人生が営利主義の生み出した貨幣という見えるものに縛られてしまいますね。

キリスト教圏では、AIやiPS細胞といった再生医療は、どのように受け止められているのでしょうか。

佐藤　AIについては、神学的な整理はまだついていません。再生医療に関しては賛否両論です。賛成意見は、人間は地球上の被造物を管理することができるから、管理の枠内に入っているというものです。プロテスタントは容認する傾向が強いですね。対するカトリックは、神の創造の秩序を重んじるので、秩序を壊す再生医療には忌避反応が強くあります。

高橋　再生医療やAIには、自分が神と同じ能力があると思い込む人間の悪の問題がからんでいるように思います。

佐藤　ええ。それに論理的な整合性もとれていません。食品は、納豆ひとつとっても、遺伝子組み換えはやっていないことを謳っているにもかかわらず、遺伝子組み換えをやるiPS細胞はよしとしているような状況ですから。

高橋　生命をつくるという作業に人間が関与できる、つまり人間の技術で生命が生み出せるということになると、キリスト教のいう信仰と愛はなくなってしまいます。天地創造の根本の衝動は神の愛、アガペーであったはずなのに、人間の創造の動機は営利主義と容易に結びついてしまいます。神の本来の能産的原理は愛にはじまり、愛に終わります。コリント人への手紙に「あらゆる神秘とあらゆる知識に通じていようとも……愛がなければ、無に等しい」とあるように、神の原理は愛です。でもいま、人間の能産的原理は、シュタイナーのいう「技術と産業と営利主義」です。人間はこの原理のもとで、神の代わりが務まるのでしょうか。

佐藤　人間には無理でしょう。バベルの塔の物語と同じで、いくら到達しようと思ってもできないことがあります。これは、数学の分野で先取りされていると思います。ゲーデルが数論の無矛盾性は証明できないことを明らかにしたことが、示唆的です。数論においてさえ、人間は完璧なシステムをつくることができません。神学や数理哲学は、現実と写像の関係にあるので、神学や数理哲学で無理なことは、現実にも無理なのです。

高橋　いま私たちは生存と破滅のぎりぎりの境界に立っているようです。人間は、造物主になれるという誤った万能感を抱き、被造物としての謙虚さを持とうとしないのですから。

佐藤　そこから抜け出すには、外部性に気づくかどうかにかかっています。マルクスも、カール・バルトも、シュタイナーも、人間の手の届かない外部があることに気づいていました。

しかし、内部にいると気づかない。気づくには、何らかの飛躍が必要になります。学術的な場所で嫌がられる、アナロジーやメタファーの技法を使って、外部を想起させる必要が出てきます。

高橋　外部については、シュタイナーがいう「秘儀」の考えが大切ではないかと思います。シュタイナーの弟子のひとりである芸術家のヨーゼフ・ボイスの言葉に、「秘儀はセントラル・ステーションで行われる」というものがあります。現代の秘儀とは、ほかの人が体験できないようななにかを特別に体験するということではなく、ありふれたもののなかに外部の神秘を見出すという意味です。一般にシュタイナーだけでなく、神秘主義、神秘哲学を勉強すると、ほかの人が知らない大事なことを学んだような気がして、知らない人よりも偉くなったと錯覚をしてしまいがちですが、そうなるとシュタイナーの言うように、悪の始まりになってしまいます。外部に対する畏敬の気持ちが大切だと思います。

佐藤　秘儀というのは、東方正教会では、七つの秘跡のことです。プロテスタントでは、聖礼典です。洗礼、聖餐は人間の手が及ぶところではなく、外側の力で起きるというものですから。

高橋　外部があるとは、何かが外から取り巻いてくれているような感じでもあります。取り巻くという行為が、人間の及ばないところで、神によってなされているというような感覚です。

佐藤　外部は、人間にはわかりません。しかし、わからないけれど、わからないところがあるらしいという手がかりは残されています。

高橋　ええ。それを愛と言い換えてもいいのではないでしょうか。目に見える世界の外に、目に見えないものがあり、それにふれることで愛の力が信じられる。それが、私たちの生きている意味なのかもしれません。

おわりに

今回の対談は、ここ数年の間のとびぬけて強烈な体験となって残っています。いつも書物を通じて身近に感じていた佐藤優さんと突然対面することになったので、緊張のあまり何を語ったらいいか、五里霧中のなかで話が、というか時間が進んでいきました。驚いたことに、どんな話題にも応じてくれただけでなく、現在の社会を理解するうえでの基本的な観点をわかりやすく、しかも掘り下げて提示していただいたので、その上に立って安心して勝手なことを言わせていただきました。

この対談では、神学と人智学を対比させて、その相違を浮き彫りにしようという意図はまったくありませんでした。それだったら抽象的な議論に終わってしまいそうですから。むしろそれぞれが見出した道を歩いていくと、どういう風景が見えてくるかを問題にしました。思想というのは、何か圧倒的に存在感のあるものですが、それが道になることによって見えてくる風景です。歩くことでなければ体験できない何か、そこにこだわりたいと思いました。

ルドルフ・シュタイナーも一生かけて、道を歩き続けた人でしたが、1914年の5月末、『バガヴァッド・ギーター』との関連でこんなことを語っています――中世の錬金術師によれば、金をつくり出すには、あらかじめどんなに少量でも金を持っていなければならない。しかしこのことは金よりもむしろ霊的体験の場合によくあてはまる。自分のなかに一片でも霊が働いていなければ、新しく霊的体験を持つことはできない。けれどもどんな人の場合にも、その人のなかに一片の霊が働いていないことはありえない。論理的、概念的に思考することは、すでに霊的な体験をしていることだ。問題は、その概念を一片の霊性として認めることができるかどうかだ。

続いて、霊性という金をつくり出す方法についても語っています――霊的とは、自分が自分ではない何かを自分だと思えることだ、どんな芸術も自分では体験できない何かを自分のことのように体験させてくれる。芸術だけは、時間・空間を溶かして別の時代、別の場所の何かと自分を同化させてくれる。だから芸術こそ、霊的な体験の始まりなのだ。

以上は明るい風景ですが、もうひとつ、1917年10月、ちょうど百年前の世界大戦の最中に、「ミカエルと龍の戦い」と題した連続講義の中で、次のような内容を語っています——現代は理想が生かされない状況にある。どんなあるべき社会、あるべき人生を心に抱いても、ことごとく時代離れした、虚しい考え方だと思い知らされる。そしてその結果、いまヨーロッパ中が毎日殺し合いを続けている。

この状況は百年経ついまも変わらないどころか、ますます深刻になっているのではないでしょうか。「技術と産業と営利主義」(これもシュタイナーの言葉です)のなかで、百年前以上に、世界的規模で理想が押し殺されています。話し合いを可能な限り、命がけでやり続けるのか、殺し合いのなかで強い者が生き残るのか、市民はただそれを見守るしかありません。しかもそういう私たちのことを、シュタイナーは、「私たちはみんな悪魔です」というおそろしい言葉で語っています。実際、私たちの身近なところでも、もし私たちがみんな悪魔でなかったらありえないような仕方で、戦争を始めようとしたり、核兵器を開発したりしています。けれども、みんな悪魔だからこそ、その悪魔が何か見えないものを真剣に求めているのです。人間だけなら、何をやらかすかわかりません。どんなに偉そうにしていても、地球を破壊する方向を目指して無自覚に生きています。

この悪魔である私たちが、いままず第一にやるべきことは、自分を知ることではないでしょうか。以前私は自分をあらためて意識するために、「心の旅鴉《たびがらす》」という心得を考えたことがありました。この旅は七つの過程を辿ります。
一、自分と親しくなる。二、親しい人と親しくなる。三、親しくない人と親しくなる。四、縁のないところに縁をつける。五、自分のためにではなく、人のために。六、まず芸術を通して。七、思想を通して。
つまり社会のなかへではなく、心のなかへの旅です。以上のプロセスは自分の心を清めるためではなく、自分の性悪さを映し出す鏡として考えました。だから悪の問題が私にとっては思想の中心に位置しています。光を求めて闇と出会うための旅鴉です。
最後になりましたが、今回の対談のもとになったのは、横浜の朝日カルチャーセンターでの三回の対談でした。横浜駅ビル八階の教室で以前からシュタイナーの勉強会をしていましたが、担当の川田真由美さんが、佐藤優さんのファンだと言った私の言葉を憶えていて、プロデュースしてくれました。その対談の内容を平凡社の吉田真美さんが二年近くかけて、本書のようなかたちにまとめてくれました。吉田さんはこの対談の、特に私の場合、ディレクターのような方です。お二人に心から感謝しております。

2017年9月27日

高橋巖

註

Ⅰ　国家

＊1　**シュタイナー**　ルドルフ・シュタイナー。ドイツの神秘思想家（1861〜1925）。学問・宗教・芸術の統合を唱える人智学を創始。子どもの内発性と自発性を重視した独自の教育思想でも知られる。

＊2　**フロマートカ**　ヨゼフ・ルクル・フロマートカ。チェコのプロテスタント神学者（1889〜1969）。プラハのフス・プロテスタント神学大学（現カレル大学プロテスタント神学部）教授を務めたのち、1939年反ナチス・ドイツの立場からアメリカに亡命。47年、共産主義政権下のチェコスロバキアに帰国。68年の民主化運動「プラハの春」に積極的に参加し、ソ連軍に抵抗。翌69年没。

＊3　**アウグスティヌス**　アウレリウス・アウグスティヌス。古代キリスト教最大の教父（354〜430）。マニ教に傾倒したのちキリスト教に回心。新プラトン哲学の影響を受け、ギリシア哲学とキリスト教を総合させた神学を構築。

＊4　**フォイエルバッハ**　ルートヴィヒ・アンドレアス・フォイエルバッハ。ドイツの哲学者（1804〜72）。神学の人間学への転化を試み、人間を唯一の対象とする人間学的唯物論を展開。カ

ール・マルクスらに大きな影響を与える。
*5 **井筒俊彦** イスラーム学者、神秘主義哲学者（1914～93）。アラビア語、ペルシア語、ギリシア語等複数の言語に通じ、『コーラン』の邦訳を手掛けた。
*6 **リルケ** ライナー・マリア・リルケ。オーストリアの詩人（1875～1926）。生の不安、人間の実存の危機と深淵を抒情的にうたった。
*7 **カロッサ** ハンス・カロッサ。ドイツの詩人、小説家（1878～1956）。自らの体験をもとにした内省的でヒューマニスティックな作風で知られる。
*8 **ルター派** ドイツの宗教改革者マルティン・ルターの教説を信奉するプロテスタントの教派。人は信仰のみによって義とされる、すべての教理は聖書に基づくといったルターの福音と信仰理解に従う。ルーテル派ともいう。
*9 **フス派** ボヘミア（チェコ）の宗教改革者ヤン・フスの教説の信奉者。平信徒の聖餐において、パンのみの一種陪餐ではなく、パンとぶどう酒の両種陪餐を主張した。
*10 **カルヴァン** ジャン・カルヴァン。スイスの宗教改革者（1509～64）。聖書のみ、恩恵のみ、信仰のみ、の原理に固く立ち、他国のプロテスタント教会形成に大きな影響を与えた。
*11 **ツヴィングリ** フルドリヒ・ツヴィングリ。スイスの宗教改革者（1484～1531）。聖書のみの原理に行きつき、その思想はカルヴァンに受け継がれた。
*12 **改革派** ルター派に対し、カルヴァン派を指す呼称。神の言葉（聖書）に従った不断なき改革を目指す。

＊13　**ヘルンフート派**　18世紀初めにツィンツェンドルフ伯の領地に逃れたフス派、モラヴィア兄弟団による信仰共同体。ヘルンフートとは「主の守り」の意味。

＊14　**モラヴィア兄弟団**　フス派の流れを汲む宗教団体。自由・平等・非暴力を掲げ、農耕や手工業を中心とする質素な信仰生活を目指した。

＊15　**ノヴァーリス**　ドイツ・ロマン派の代表的詩人（1772〜1801）。父親がヘルンフート派の一員だった。

＊16　**ドイツ・ロマン主義**　個人の感性と直観を重視する文学運動をロマン主義というが、特にドイツでは自我の探求、夢や現実、生と死の境界の探索といった観念的で神秘主義的な作品が生み出された。

＊17　**敬虔主義**　17世紀末、ドイツのプロテスタント教会で興った信仰運動。ルター派が徐々に教理を重んじる正統主義になったのに対し、信徒の内面的心情に信仰の本質を見た。

＊18　**ドイツ・キリスト者運動**　ナチズムとキリスト教を結合しようとしたドイツ・ルター派による運動。

＊19　**「アナ・ボル論争」**　1920年代初めに日本で起こったアナルコ・サンディカリズム派（無政府組合主義）とボルシェヴィズム派（マルクス主義）の論争と対立。労働組合のあり方を巡り、前者は組合の自由連合を主張し、後者は中央集権的組織論を主張した。

＊20　**西田幾多郎**　哲学者（1870〜1945）。有を原理とする西洋哲学に対し、無を論理化する禅などの東洋思想を統合し、「絶対矛盾的自己同一」などの理論で表現する哲学を説いた。

＊21 『国体の本義』 教育学者の吉田熊次、哲学者の紀平正美、和辻哲郎らが編集委員となり、1937年に文部省が刊行、全国の学校、官庁に配布した書物。日本の国体は万世一系の天皇の支配であると説いた。

＊22 『米英東亜侵略史』 思想家大川周明が真珠湾攻撃直後に行ったNHKラジオでの連続講演をもとに、1942年に刊行。欧米列強による植民地支配からアジアを解放する東亜秩序を掲げた。

＊23 宇野弘蔵 経済学者（1897～1977）。経済学研究を原理論、資本主義の世界史的発展段階論、個々の国や世界の資本主義の現状分析論の三段階に分け体系化し、資本主義以前の経済、社会主義社会の経済の研究にも応用できると説いた。

＊24 トマス・アクィナス イタリアの神学者、スコラ哲学者（1225頃～74）。キリスト教思想とアリストテレス哲学を統合した神学体系を樹立。

＊25 マックス・ヴェーバー ドイツの社会学者、経済学者（1864～1920）。社会科学的方法論の確立者。社会学、経済学、政治学など広範囲の分野での著作を残す。

＊26 『バガヴァッド・ギーター』 ヒンドゥー教の聖典のひとつ。「神の歌」を意味し、現世における義務を果たしつつ究極の境地に達することが可能と説く。

＊27 エージェント理論 経済学で使われる、主たる経済主体（プリンシパル）とその主たる経済主体のために活動する代理人（エージェント）の契約関係を指す。エージェントはプリンシパルの利益を最大化するよう行動することを期待されるが、エージェントが自己の利益を優先させて行動し、プリンシパルに対して虚偽の報告をしてしまうということも起こりうる。

Ⅱ　資本

＊1　**カール・マルクス**　ドイツの経済学者、思想家、運動家（1818〜83）。科学的社会主義、弁証法的唯物論を提唱。資本主義を政治経済学的に批判した『資本論』で知られ、共産主義思想に多大な影響を与えた。

＊2　**エルンスト・トレルチ**　ドイツの神学者（1865〜1923）。啓蒙主義によって引き起こされたキリスト教の無価値化に対し、いかに新たな価値体系を築きうるかを研究。思想面では新カント学派、文化面ではマックス・ヴェーバーらの影響を受けた。

＊3　**パウロ**　キリスト教の使徒、聖人（生年不詳〜65頃）。当初はユダヤ教徒としてキリスト教徒を迫害していたが、回心し、伝道者に。「ローマの信徒への手紙」「コリントの信徒への手紙」などにより、キリスト教信仰の礎を立てた。

＊4　**カール・バルト**　スイスのプロテスタント神学者（1886〜1968）。第一次世界大戦時の近代神学の無力さに失望し、新たな神学を目指すべく『ローマ書講解』を刊行。神と人間の断絶を唱えながら、逆説的に信仰の絶対性を回復させようとし、神学のみならず現代哲学にも衝撃を与えた。

＊5　**サクラメント**　イエス・キリストによって定められたと考えられる、神の恩恵にあずかるための教会の儀式。カトリック教会では秘跡といい、洗礼・堅信・聖体・結婚・聖職叙階・悔悛・終油の七つを認めるが、プロテスタント教会では聖礼典といい、洗礼と聖餐のみを主張する。

＊6　**サンディカリズム**　集産主義的な労働組合の連合により経済を運営する社会運動・思想。

＊7　**マルセル・モース**　フランスの社会学者、文化人類学者（1872～1950）。古今東西の共同体における贈与・交換の役割を研究し、経済的な領域を超えた原則として機能していたことを明らかにした『贈与論』はのちの思想家に多大な影響を与えた。

＊8　**グノーシス**　ギリシア語で知識を意味する。キリスト教では人間を救済に導く究極の知恵を指し、異端として古代教会から排除された。

Ⅲ　宗教

＊1　**ユング**　カール・ユング。スイスの心理学者、精神医学者（1875～1961）。人間の無意識には元型があり、集合的無意識があると説いた。

＊2　**河合隼雄**　臨床心理学者、心理療法家（1928～2007）。日本人初のユング派精神分析家の資格を得る。日本の神話、民話、伝承から日本的心性を探ることを試み、日本文化に根差した心理療法の確立を模索した。

＊3　**鈴木大拙**　仏教哲学者（1870～1966）。英語で禅についての執筆活動を行い、海外に禅文化をしらしめた。

＊4　**ショーレム**　ゲルショム・ショーレム。ドイツ生まれのイスラエル思想家（1897～1982）。ユダヤ神秘主義、カバラ思想の権威。

＊5　**キリスト者共同体**　ドイツを中心とするヨーロッパで始まったキリスト教運動。自立した人間の自由を基盤に宗教生活を行う。創立にルドルフ・シュタイナーが関わった。

*6　**ウラジーミル・ソロヴィヨフ**　ロシアの哲学者、詩人（1853〜1900）。ドストエフスキー、トルストイら19世紀末ロシア文学に多大な影響を与えた。

*7　**ニコライ・フョードロフ**　ロシアの思想家（1829〜1903）。レーニン図書館（現在のロシア国立図書館）に勤め、百科全書的な知識を有し、始祖からの復活と不死の獲得という独自の思想を形成した。

*8　**大川周明**　思想家（1886〜1957）。植民地インドに関心をもち、植民史、植民政策の研究を行う。第二次大戦中、世界平和のためには東アジアを植民地化しようとする欧米諸国に対抗し東アジア諸国が共闘するべきであると謳った「大東亜共同宣言」の作成に携わる。A級戦犯となるも精神疾患を理由に免除。

*9　**マルキオン**　古代キリスト教の異端者（生没年不詳）。旧約聖書の神と新約聖書の神を分ける二元的神観、キリストの肉体と十字架上の死は仮象にすぎないという仮現説を唱えた。

*10　**ニーグレン**　アンダース・ニーグレン。スウェーデンのプロテスタント神学者（1890〜1978）。キリストの愛の観念を研究し、キリストの愛はギリシア的なエロースではなくアガペーであると説いた。

*11　**ドゥンス・スコトゥス**　イギリスのスコラ神学者（1266頃〜1308）。哲学と神学を峻別し、知性に対する人間の意志の自由性を主張した。

*12　**スコトゥス・エリウゲナ**　アイルランドの神学者（810頃〜877頃）。神学と哲学の一致を試み、万物は神より出て神へ帰るという汎神論的主張を行う。

【著者】

佐藤優（さとう　まさる）

1960年生まれ。同志社大学大学院神学研究科修了後、外務省入省。主任分析官として対ロシア外交の最前線で活躍。2002年背任と偽計業務妨害容疑で逮捕され、09年最高裁で執行猶予付有罪が確定し失職。14年、執行猶予期間を満了し、刑の言い渡しが効力を失った。05年発表の『国家の罠』（新潮社）で毎日出版文化賞特別賞受賞。著書に『自壊する帝国』（新潮社、大宅壮一ノンフィクション賞）、『私のマルクス』（文春文庫）、『同志社大学神学部』（光文社新書）、『神学の思考』（平凡社）、訳書にフロマートカ『なぜ私は生きているか』（新教出版社）など。

高橋巖（たかはし　いわお）

東京・代々木生まれ。ミュンヘンでドイツ・ロマン派美学を学ぶなか、ルドルフ・シュタイナーの著書と出会う。73年まで慶應義塾大学で美学と西洋美術史を担当。その後シュタイナーとその思想である人智学の研究、翻訳を行う。著書に『神秘学講義』（角川選書）、『シュタイナー哲学入門』（岩波現代文庫）、訳書にシュタイナー『神智学』『神秘学概論』（ちくま学芸文庫）など。

本書は朝日カルチャーセンター横浜教室で行われた連続対談「なぜ私は生きているか」（2015年12月〜16年2月）に追加対談を加え再構成・加筆したものです。

平凡社新書858

なぜ私たちは生きているのか
シュタイナー人智学とキリスト教神学の対話

発行日——2017年11月15日　初版第1刷

著者——佐藤優・高橋巖

発行者——下中美都

発行所——株式会社平凡社
東京都千代田区神田神保町3-29　〒101-0051
電話　東京（03）3230-6580［編集］
　　　東京（03）3230-6573［営業］
振替　00180-0-29639

印刷・製本—株式会社東京印書館

装幀——菊地信義

ISBN978-4-582-85858-7
NDC分類番号161　新書判（17.2cm）　総ページ200
平凡社ホームページ　http://www.heibonsha.co.jp/